ENTRENAMIENTO DE FUERZA PARA PERSONAS MAYORES

Amat
editorial

Amat Editorial, sello editorial especializado en la publicación de temas que ayudan a que tu vida sea cada día mejor. Con más de 400 títulos en catálogo, ofrece respuestas y soluciones en las temáticas:

- Educación y familia.
- Alimentación y nutrición.
- Salud y bienestar.
- Desarrollo y superación personal.
- Amor y pareja.
- Deporte, fitness y tiempo libre.
- Mente, cuerpo y espíritu.

E-books:

Todos los títulos disponibles en formato digital están en todas las plataformas del mundo de distribución de e-books.

Manténgase informado:

Únase al grupo de personas interesadas en recibir, de forma totalmente gratuita, información periódica, newsletters de nuestras publicaciones y novedades a través del QR:

Dónde seguirnos:

 | @amateditorial

 | Amat Editorial

Nuestro servicio de atención al cliente:

Teléfono: **+34 934 109 793**

E-mail: **info@profiteditorial.com**

Álvaro Puche

ENTRENAMIENTO DE FUERZA PARA PERSONAS MAYORES

Ejercicios y consejos para envejecer fuerte y con buena salud

© Álvaro Puche, 2023
© Profit Editorial I., S. L., 2023
   Amat Editorial es un sello de Profit Editorial I., S.L.
   Travessera de Gràcia, 18-20; 6º 2ª; Barcelona-08021

Diseño de cubierta y maquetación: XicArt
Todas las imágenes son libres de derechos.

ISBN: 978-84-19341-90-7
Depósito legal: B 6151-2023
Primera edición: Abril de 2023
Segunda edición: Diciembre de 2023
Tercera edición: Febrero de 2024

Impresión: Gráficas Rey
Impreso en España / *Printed in Spain*

Índice

Introducción

Este libro es fruto de una toma de conciencia profunda acerca de la necesidad de instruir a nuestra población adulta mayor en materia de educación física y Ejercicio Físico y su relación con la salud, la calidad de vida percibida y la posibilidad de evitar tanto la fragilidad como la dependencia funcional.

Vamos a extendernos en conceptos y enfoques integradores que pretenden dar a conocer de qué manera se puede vivir un día a día más pleno por medio de la práctica de un entrenamiento de fuerza pensado en función de las necesidades básicas de desplazamientos, transportes, empujes y tracciones que se presentan en la vida diaria de las personas mayores. El objetivo es desarrollar sus capacidades físicas y mentales y prevenir la mayor parte de accidentes que surgen dentro de este grupo de población, precisamente por falta de fuerza, equilibrio, estabilidad o amplitud de movimientos.

En esta obra se expone un profundo cambio de paradigma. Vamos a sustituir la excusa alegada hasta la extenuación de «yo ya no hago esto porque estoy viejo» por el firme propósito de «me estoy haciendo mayor y ahora más que nunca necesito hacer esto para no convertirme en un viejo disfuncional, frágil, débil, vulnerable, enfermo y, además, con varias patologías asociadas».

Cambios de paradigmas y derribos de falsos mitos tradicionalmente asociados y profundamente arraigados al envejecimiento y a los adultos mayores, que son necesarios para empoderarnos, coger nuestras propias riendas y orientar nuestra salud hacia el camino adecuado: el de la buena vida, el de la vida con la suficiente salud para disfrutarla.

1

Envejecer con salud y sin enfermedad es posible (y necesario)

La fragilidad y la debilidad deben dejar de estar asociadas al proceso de envejecimiento. Se puede ser mayor y no por ello sufrir severos cuadros patológicos. Se puede, y se debe, prevenir y revertir esta situación, tan habitual en la actualidad y que tan amargas consecuencias ocasiona a todos a distintos niveles.

Fundamentalmente, hay dos caminos o maneras de envejecer y somos nosotros los que tenemos que decidir por cuál de ellas queremos transitar.

1. Se puede decidir no hacer nada, quedarse sentado en una silla o tumbado en el sofá y ver la vida pasar: enfermos, dependientes y medicados hasta las orejas, con una pobre calidad de vida...

2. O, por el contrario, nos podemos empoderar y optar por un envejecimiento activo, saludable y de calidad a través del movimiento y de estímulos que logren ralentizar este proceso natural y que nos permitan disfrutar lo máximo posible de nuestra existencia. Fuertes, sin enfermedad, sin fracturas, sin caídas y sin depender de terceros. Esto es posible: solo hay que apostar por esta segunda opción, que implicará un cierto nivel de compromiso, esfuerzo, fatiga y disciplina.

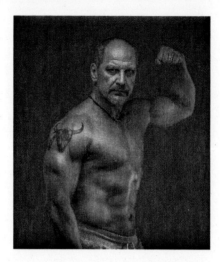

El entrenamiento de fuerza y la alta intensidad ayudan a experimentar una notable evolución física.

Por supuesto, para ello es necesario disponer de una buena información respecto a lo que de verdad funciona, que es precisamente de lo que va a tratar este libro. La buena ciencia, la que no está sujeta a intereses económicos, junto al conocimiento de la fisiología, de la bioquímica y de nuestro funcionamiento metabólico, son los pilares sobre los que se basa el libro que tienes en tus manos.

CAMBIO DE PARADIGMA

Las personas que no han sido capaces de cuidar de forma natural de su propia salud no pueden seguir copando las listas de espera para cirugías y servicios sanitarios. Se trata de individuos que han tomado el camino de las molestias y la enfermedad, debido, en gran parte, a una enorme desinformación en el territorio de la salud provocada por conflictos de intereses.

La ausencia de conocimientos sobre cómo funciona el propio cuerpo y sobre cuáles son las consecuencias de hacer un mal uso del mismo pueden conllevar vaivenes angustiosos, de los que nos costará sudor y lágrimas escapar. Evidentemente, es más fácil y eficaz tratar de preservar una buena salud que tener que afrontar una molestia seria o una enfermedad e intentar escapar de ella.

Todos los avances en investigación médica están resultando fantásticos para combatir multitud de afecciones que alteran nuestra salud. No obstante, la mayoría de esta medicina y farmacología sería absolutamente innecesaria si tuviéramos más cultura en el campo del Ejercicio Físico y supiéramos cómo funciona nuestro metabolismo.

Varias industrias que logran engrosar sus arcas a costa de mantener enferma a una parte de la población verían cortadas sus alas si esta dispusiera del tejido muscular necesario para optimizar la funcionalidad de sus células y de cada uno de sus órganos y mecanismos moleculares.

Tras la obesidad y la diabetes tipo 2, la sarcopenia (pérdida de masa y función muscular) es la tercera gran pandemia que asola a propios y extraños, cada vez a edades más jóvenes y cada vez durante más tiempo. Como más adelante veremos, este déficit de la cantidad y la calidad del tejido muscular va a tener un buen número de repercusiones negativas para la salud de quien lo padece. No en vano, la sarcopenia está considerada desde el año 2016 como una enfermedad que tiene su propio código de identidad (M62.84), lo que demuestra su reconocimiento a nivel médico.

El movimiento y el entrenamiento de fuerza que estimulen la síntesis proteica y la creación de tejido muscular de calidad, las mejoras en la condición física, los buenos patrones de alimentación, la incorporación de una cantidad de proteína suficiente en la dieta diaria, la gestión del estrés, los estímulos de tracción, los impactos y la vibración que mantengan fuertes a nuestros huesos... todos estos ingredientes, entre otros, evitarían en buena medida el consumo habitual de fármacos entre nuestros mayores.

CAPACIDAD FUNCIONAL Y CALIDAD DE VIDA

¿Cómo vivir mejor si hemos perdido la fuerza? ¿Cómo hacerlo si hemos perdido progresivamente la capacidad para desplazarnos, para abrir la puerta, para levantarnos de la silla sin ayuda, para coger un peso y trasladarlo, para vestirnos, para ducharnos, para bailar, para bajar o subir unas escaleras, para ir solos al baño...?

Que quede claro que una pérdida de fuerza por pérdida de unidades motoras (vínculos de señalización nerviosa cerebral con fibras musculares) y de estimulación de las que nos quedan significa, lisa y llanamente, que estamos perdiendo la capacidad de valernos por nosotros mismos para seguir transitando correctamente por la vida.

Siempre, siempre, podremos hacer algo para apaciguar el ritmo del envejecimiento, para prevenir, para tratar de revertir en la medida de lo posible esta degeneración nerviosa que afecta a nuestra funcionalidad en las actividades de la vida diaria. No depender de la mayoría de fármacos también dependerá mucho de cómo nos vayamos haciendo mayores. ¿Cuáles son tus hábitos?, ¿caminata, vino, galletas y mucho sillón?, ¿trabajos y entrenamientos de fuerza y de potencia muscular, alguna que otra actividad de alta intensidad de vez en cuando y dieta rica en proteínas?

EL IMPACTO DE NUESTRO ESTILO DE VIDA

Tengamos en cuenta que no hay obeso, ni diabético tipo 2, ni enfermo cardíaco sin sarcopenia. Por lo tanto, la sarcopenia actúa como un auténtico disparador de patologías diversas. Así de fácil y de claro: si no tenemos músculo suficiente estaremos abocados, antes o después, a estar enfermos de algo.

Hemos evolucionado hacia una sociedad para la cual los genes heredados y mantenidos de nuestros ancestros no están adaptados. Nos solemos quedar cortos en movimiento físico diario y en estímulos en general que permitan un estrés biológico suficiente que obligue a nuestro organismo a adaptarse y evolucionar como es debido.

Por regla general, nos movemos poco y mal y comemos mucho y mal. Estos dos factores, mantenidos en el tiempo, provocan las conocidas como «enfermedades modernas» (sarcopenia, diabetes tipo 2, obesidad, colesterol alto, hipertensión, síndrome metabólico, resistencia a la insulina…). Estas patologías, en muchos casos asociadas entre sí, generan un medio hostil para nuestro organismo. Nuestros sistemas comienzan a presentar una serie de alteraciones a nivel cerebral, metabólico, endocrino, cardiovascular y muscular, que dificultarán la correcta función de los mismos. Lo podemos prevenir. Hagámoslo. ¡Pasemos a la acción!

Mantenemos una carga genética que mucho tiene que ver con la que poseían nuestros antepasados hace cientos o miles de años. Miremos por el espejo retrovisor y consideremos el estilo de vida al que nuestros genes estaban acostumbrados y, por lo tanto, el que nos ha permitido desarrollar una serie de adaptaciones de las que hoy en día podemos disfrutar.

La escasez es necesaria en ocasiones para que se puedan seguir produciendo equilibrios en el organismo. Vivir continuamente en la abundancia es un agravio para el organismo, lo cual genera su desequilibrio y rompe esta **primera premisa ancestral de carencia y abundancia**.

Veamos un ejemplo: se ha documentado que nuestros ancestros pasaban temporadas en las que el alimento escaseaba y, aún en esas condiciones, no les quedaba otro remedio que cazar o trabajar para recolectar lo que les pudiera servir de nutriente. Durante siglos, estas condiciones forjaron adaptaciones genéticas y metabólicas que actualmente, en los países del primer mundo, donde abundan los productos y el sedentarismo, brillan por su ausencia.

Muchos de los problemas de salud a los que nos enfrentamos en la actualidad tienen su origen en ir contra natura. En concreto, contra las adaptaciones que durante siglos se han ido generando en nuestro genoma para hacer posible la supervivencia y la transmisión de la especie.

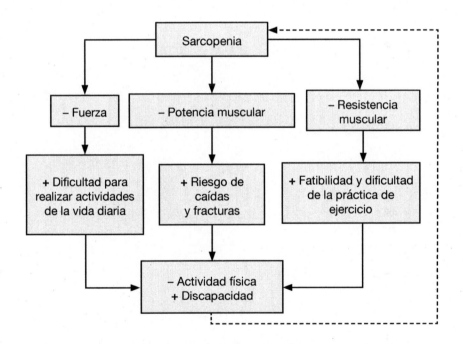

Figura 1.1. Modelo que explica las consecuencias funcionales de los cambios relacionados con la edad en la sarcopenia (pérdida de masa y función muscular) y el ciclo por el que se explica cómo la reducción de la actividad física acentúa el proceso de alteración. Izquierdo, Mikel (2012). «Ejercicio Físico como intervención eficaz en el anciano frágil». Anales del Sistema Sanitario de Navarra, vol. 35. Pamplona, ene./abr. 2012.

Una de las figuras más destacadas de la Antigüedad, Hipócrates, trata de plasmar en la siguiente cita lo que hemos comentado anteriormente: «Las enfermedades no nos llegan de la nada. Se desarrollan a partir de pequeños pecados diarios contra la Naturaleza. Cuando se hayan acumulado suficientes pecados, las enfermedades aparecerán de repente».

La segunda premisa es la de hambre y fatiga. El desarrollo de nuestros antepasados a todos los niveles fisiológicos se generaba en torno al hambre (real) y a la fatiga (real). Segunda premisa sin vigencia en la actualidad. Nos hemos convertido en una sociedad sedentaria y acomodada, amante de la ley del mínimo esfuerzo, centinelas de un «gen ahorrador» que a nuestros antepasados les permitió sobrevivir y subsistir pero que a nosotros nos puede llevar por el mal camino.

Nuestros genes provienen de una sociedad cazadora-recolectora. Esto quiere decir que nuestros antepasados dedicaban gran parte de su tiempo a actividades que requerían movimientos físicos con el consiguiente consumo energético. Nuestros genes actuales son heredados de ellos y de su *modus vivendi*.

Para disfrutar de una salud óptima es importante utilizar la energía. El concepto «fatiga» hace alusión a esto precisamente. La mayoría de los trastornos y enfermedades vienen precedidos, en nuestro tiempo, de una carencia importante de gasto energético. La energía es fundamental para la vida, pero su acumulación excesiva es un flaco favor para nuestro organismo y nuestro metabolismo.

Todos los extremos tienden a ser malos y este caso no es la excepción. Si no nos movemos lo suficiente, si no tenemos suficiente músculo en nuestro cuerpo, si no nos fatigamos, al menos de vez en cuando, si no mejoramos nuestros niveles de fuerza y de potencia (relación entre la fuerza y la velocidad), nuestros sistemas no podrán hacer frente al sedentarismo ni a malos patrones de conducta adquiridos, como suele serlo el alimentario.

El día a día de nuestros antepasados era eminentemente activo y requería el uso continuo de energía. Las labores del campo mantenían a las personas con salud.

El entrenamiento de fuerza y potencia y la mejora de la condición física no son opciones, sino necesidades a cubrir para dar a nuestros genes lo que ellos esperan recibir y prevenir, por ende, tantos y tantos desbarajustes orgánicos.

Gran parte de nuestra salud depende de tres estados:

► El de nuestras mitocondrias, orgánulos celulares eucariotas encargados de suministrar la mayor parte de la energía necesaria para la respiración celular.
► El de nuestro tejido muscular.
► El de nuestra condición física.

Si los tres llegan al nivel necesario, lo cual se fundamenta en el estado de nuestra condición muscular, podremos seguir caminando por la vida con una salud de hierro que nos exima de pasar largas horas en las salas de espera de algún centro médico y nos permita vivir con el mínimo de fármacos posibles.

EL CAMBIO ESTÁ DENTRO DE NOSOTROS

Me gustaría terminar este capítulo haciendo hincapié en el enorme potencial de que disponemos para mantener un óptimo estado de salud general. Tenemos que cuidarnos, respetarnos y valorar qué esperan recibir nuestros genes.

En solo cuatro generaciones hemos alterado patrones básicos desarrollados a lo largo de las 77 000 generaciones anteriores. La toma de conciencia y la formación relativa al mantenimiento o al restablecimiento de la salud de los cuatro pilares fundamentales de nuestro «eje de la salud» (biogénesis mitocondrial, tejido muscular esquelético, microbiota y cerebro) nos permitirán seguir un proceso de envejecimiento de calidad y nos alejarán de paradigmas arcaicos y de síndromes de fragilidad.

La magnitud y la velocidad de los cambios asociados al envejecimiento dependen del autocuidado y de la responsabilidad personal para con nuestro organismo y sus necesidades. El desarrollo o, en su caso, el mantenimiento de una buena condición muscular nos permitirá ser funcionales y morir jóvenes lo más tarde posible.

DIME QUÉ HACES Y TE DIRÉ CÓMO ENVEJECES

La capacidad de hacer una buena elección de hábitos y estilo de vida es un factor crucial para el desarrollo de nuestra salud orgánica. Tenemos que estar bien informados en materia de salud para que no nos engañen y nos lleven a territorios de enfermedad. A mi abuela, por ejemplo, su médico le dijo que al menos hiciera algo. Pero mi abuela sabía que eso de «al menos haga algo» no era lo mejor para ella. Por lo menos no en el ámbito de la prevención de molestias y enfermedades. Ese médico la dejó optar entre salir un ratito al día a caminar o comprarse unos pedales y mover un poquito las piernas mientras veía la televisión. Y esto no es lo que de verdad le conviene a una persona mayor. Es perfecto como complemento para incrementar los niveles de actividad física, ahora bien, ese no debe ser el único Ejercicio Físico al que se aferre una persona mayor, ni nadie en general; pero una persona mayor, mucho menos.

¿Y qué hizo tu abuela, Álvaro? Mi abuela, además de la pequeña caminata y del pedaleo, se puso a hacer sentadillas, pesos muertos, zancadas, empujes y tracciones. Era muy consciente de que su salud orgánica global (nivel de grasa visceral, funcionamiento de la insulina, salud cerebral, salud ósea…) dependía fundamentalmente del mantenimiento y la promoción de su tejido muscular y de su fuerza y potencia musculares.

Mi abuela ya sabe que el Ejercicio Físico debe tener una intensidad alta (siempre con relación a las condiciones de cada persona) para que tenga un impacto biológico significativo. Caminando y practicando actividades físicas de baja intensidad no solo no se promueve el desarrollo y el mantenimiento de unos buenos niveles de fuerza y condición muscular, sino que, además, dichos niveles empeoran inexorablemente.

Pues sí, así es, tal cual. La práctica diaria exclusiva de actividad física de baja intensidad logra un desarrollo extraordinario de las fibras musculares lentas tipo 1 y de las motoneuronas por las que son activadas. Esto provoca que dichas fibras vayan ganando terreno a las fibras promotoras de la salud (las fibras rápidas, tipo IIA y IIB) y a las motoneuronas por las que son inervadas, las cuales tenderán a perderse en el olvido con el consiguiente síndrome de fragilidad de la persona mayor.

Lo que estoy diciendo es que los ejercicios que hace mi abuela de sentadillas, peso muerto, zancadas, empujes y tracciones ayudan a que sus fibras rápidas no se pierdan tan deprisa y esto impacta de forma directa y beneficiosa sobre su salud y calidad de vida.

Así es. Este trabajo de desarrollo de fuerza y de potencia muscular a intensidades relativamente altas le permiten seguir cumpliendo años y soplando velas con la suficiente cantidad de fibras rápidas, que la protegerán de por vida de una serie de eventos nocivos para su salud. Mi abuela complementa su actividad física habitual —no para de hacer tareas en casa, sale a caminar todos los días, pedalea mientras ve la tele— con los ejercicios de desarrollo y estimulación específicos para su salud muscular, que practica tres veces por semana, como mínimo. Si mi abuela solo practicara su actividad física de baja intensidad, perdería músculo y fuerza y, por lo tanto, no podría seguir haciendo todas sus tareas domésticas con esa gran energía vital. Además, eso la hace feliz, porque se siente fuerte y capaz de todo lo que se le ponga por delante.

¿Pero cómo puede hacer todo eso tu abuela, si ya es mayor? Pues precisamente por ser mayor su necesidad de entrenamiento de fuerza y de potencia a altas intensidades —siempre con relación a su condición física— es mucho mayor que cuando era más joven. Si mi abuela se hubiera abandonado y hubiera dejado de practicar sus ejercicios de sentadillas, etcétera, etcétera, no habría llegado a su edad con esa capacidad y esa fuerza vital que le permiten hacer todo lo que se propone.

Yo, como profesional del Ejercicio Físico que soy, le pauto cada mes su dosis de Ejercicio Físico adaptada a su contexto y a sus requerimientos especiales. Y así vamos progresando. De esta forma, cada vez es capaz de hacer más repeticiones o de hacer las mismas que antes pero con una mayor intensidad.

Entrena en el patio de su propia casa. Le propuse que se apuntara al gimnasio del barrio, porque dispone de las infraestructuras y el material para realizar el entrenamiento de la forma más apropiada, pero no le convenció la idea, así que montamos el gimnasio en su casa. Muy humilde, pero suficiente. Dispone de tres bandas elásticas grandes de distintas resistencias, dos bandas elásticas pequeñas, un par de mancuernas, una barra y unos cuantos discos de peso. No le hace falta más, y con todo ello a su disposición, le voy programando y pautando los procesos. Fácil, sencillo, seguro, eficaz y, sobre todo, muy saludable.

¿Y no se lesiona ni se hace daño tu abuela cuando entrena con pesos? En absoluto. De hecho, es todo lo contrario. Mi abuela sería débil, frágil y muy vulnerable si no hiciera esta actividad física adaptada a sus condiciones vitales actuales. Ahora es fuerte y, más importante, se siente fuerte.

No tiene miedo a las caídas, se siente segura y, de hecho, de vez en cuando me comenta que gracias a sus «nuevas» capacidades ha evitado que varios sustos pasaran a mayores. El último del que me habló le sucedió en la ducha. Le resbaló un pie y, antes de llegar a caer del todo, reaccionó con la rapidez, la fuerza y la estabilidad necesarias para reequilibrarse a tiempo. La pregunta a hacerse es: ¿habría sido mi abuela capaz de tener esa reacción siendo frágil y débil? Esto es, ¿sin la fuerza, velocidad, capacidad y estabilidad que la situación requería? La respuesta a la pregunta os la voy a dejar a vosotros, y que cada cual saque su propia conclusión.

Es más, desde que mi abuela practica entrenamiento de fuerza y de potencia a alta intensidad, hace ya unos ocho años, todos los valores de sus analíticas han mejorado. Cada vez que pasa una revisión, los médicos le preguntan qué es lo que está haciendo para conseguirlo. No acaban de creerse que los resultados salgan mejor ahora que hace ocho, cinco o tres años, cuando lo que ellos y la propia sociedad en general espera es justo lo contrario. De las personas mayores esperamos decadencia, debilidad y fragilidad, pero esto no tiene por qué ser siempre así. Una persona mayor que nunca ha dedicado atención a su condición muscular, si comienza a hacerlo (tal como corresponda a su edad y condición actual), a buen seguro que experimentará cambios extraordinariamente positivos en todos los ámbitos de su organismo y de su vida en general.

Nunca será tarde para aprovechar los múltiples beneficios que a todos los niveles nos va a aportar el Ejercicio Físico adaptado a nuestra situación y contexto vital. Puedes iniciarte pasados los 50, los 60, los 70, los 80, los 90 e incluso los 100 años según demuestran las investigaciones realizadas. No hay ninguna persona, por mayor que sea, que no se pueda beneficiar del entrenamiento de fuerza y potencia muscular de alta intensidad. Localiza a un profesional del Ejercicio Físico que sea competente para que te programe un buen entrenamiento en el que, al menos tres veces por semana, realices un trabajo físico que de verdad impacte sobre tu biología y te haga más fuerte y, por tanto, más capaz de llevar a cabo todas tus actividades cotidianas de la forma más óptima posible.

Por tanto, en este punto, ya no es tan importante cuántos años más podrá vivir la señora María, ahora con 83, sino qué calidad de vida real y percibida tendrá durante el tiempo que le quede de vida. En lugar de poner la atención en la cantidad de vida, pongámosla en la calidad. ¿Acaso alguien quiere vivir mucho y mal, dependiente de terceros y sin la energía vital y la capacidad suficiente para disfrutar del tiempo? Si nos movemos mucho y nos movemos bien, haciendo lo que sabemos que nos favorece a nivel fisiológico, seguramente viviremos más. Y lo que es más importante, ¡mejor!

El Ejercicio Físico adaptado actúa como «polipíldora» para combatir y prevenir gran número de patologías a todos los niveles orgánicos.

2

Ejercicio Físico:
la medicina más barata
y eficaz

Cada día que pasa tenemos mayor cantidad de argumentos, y de más peso, para que cualquier persona, independientemente de su edad, sexo, condición y circunstancias, practique el Ejercicio Físico que le corresponde. Esto es todavía más necesario si cabe para las personas mayores, que siempre serán más vulnerables al enfrentamiento con cualquier tipo de evento negativo para su salud y que, por tanto, se verán proporcionalmente más beneficiadas por la práctica de Ejercicio Físico que las personas de menor edad.

Una mayor edad cronológica lleva implícita una mayor necesidad de practicar Ejercicio Físico con el objetivo de lograr un correcto mantenimiento de nuestra salud biológica integral.

CUIDAR DEL TEJIDO MUSCULAR ES LA CLAVE

El tejido muscular esquelético probablemente sea uno de los tejidos de nuestro cuerpo que menos se tiene en cuenta con relación a la optimización de la salud. Por esa razón, descubrirlo es una de mis mayores motivaciones en la redacción de este libro.

El tejido muscular tiene el poder de actuar como órgano exocrino (nos permite generar movimiento), como órgano paracrino (actúa sobre otras estructuras orgánicas cercanas) y también como órgano endocrino (lo que significa que también actúa a distancia, sobre otras estructuras biológicas). Todo ello es absolutamente clave para el mantenimiento de la funcionalidad del organismo.

Libera al torrente sanguíneo hasta 400 sustancias distintas, hormonas que se conocen con el nombre de «citoquinas», que se distribuyen a órganos y partes de nuestro cuerpo generando distintos efectos y modulando reacciones muy importantes a muchos niveles de nuestro organismo (son clave en la biogénesis mitocondrial, en el hígado, en nuestros huesos, en el páncreas, en el corazón…).

El tejido muscular, según aclaran investigaciones científicas de alto nivel llevadas a cabo en los últimos años, tiene un impacto enorme en nuestro metabolismo (hay que tener en consideración que almacena el 80 % de los hidratos de carbono y que puede metabolizar hasta el 60 % de las grasas que ingerimos en nuestra dieta).

Metabólicamente hablando, tener un tejido muscular esquelético sano, correctamente estimulado y en la cantidad suficiente evitará que suframos diversas patologías, como diabetes tipo 2, obesidad o unos niveles de colesterol por las nubes, entre otros efectos causados por el desarrollo de la resistencia a la insulina, la hiperinsulinemia, la falta de flexibilidad metabólica y los síndromes metabólicos.

Tengamos en cuenta que dentro de nuestros cuerpos se está librando continuamente una pugna entre dos tejidos: el tejido muscular y el tejido graso. Si el que sale vencedor de la contienda es el tejido muscular, transitaremos por la vida por el mismo camino por el que circula la salud. Sin embargo, ocurrirá lo contrario si la grasa es la vencedora.

Cuando el tejido adiposo se acumula en mayor medida de la deseada, libera unas sustancias llamadas «adipoquinas» que promueven la alteración del tejido muscular esquelético, que precisamente es el que nos conviene mantener en las mejores condiciones posibles tanto en cantidad como en calidad. En resumen: el exceso de grasa orgánica atenta contra nuestra salud general porque, entre otras cosas, empeora el estado de nuestro tejido muscular.

Si entrenamos la fuerza y mejoramos nuestra masa muscular, todo esto se acaba. Como se acabarían también la mayoría de fármacos y medicamentos que tantas personas se ven obligadas a consumir y que forman parte de su kit de supervivencia diario. Dejaría de aumentar el número de enfermos crónicos, se dejarían de generar gastos

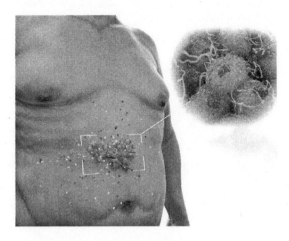

La acumulación excesiva de grasa visceral (o ectópica) es un factor trascendente de pérdida de salud general.

sanitarios tan altos y se dejaría de nutrir a las industrias farmacéutica y alimentaria, plagadas ambas de intereses comerciales y económicos a expensas de la salud de una población generalmente mal informada.

Una buena función muscular es capital para mantener una buena relación entre masa muscular y porcentaje de grasa corporal. Evitar y reducir una acumulación excesiva de grasa en nuestro cuerpo nos llevará a prevenir o revertir la lipotoxicidad (el ambiente tóxico que genera y desencadena la acumulación excesiva de grasa en nuestro cuerpo, especialmente a nivel visceral, es decir, en torno a nuestros órganos vitales: hígado y páncreas, especialmente).

Reducir o prevenir la lipotoxicidad evitará la «inflamación crónica de bajo grado», una inflamación sistémica generalizada mantenida en el tiempo que termina por agotar a nuestro sistema inmune y que es la antesala y el abono de la inmensa mayoría de molestias y enfermedades de la sociedad moderna.

El entrenamiento de fuerza es un gran aliado para que el músculo comience a regular adecuadamente la glucosa corporal y así mantenga a raya los niveles de concentración de grasa en nuestro cuerpo (en especial los niveles de grasa visceral o ectópica que rodean a corazón, hígado, páncreas, tejido muscular…).

Lipotoxicidad
- Resistencia insulina
- Hígado graso no alcohólico

Síndrome metabólico
- Procesos inflamatorios
- Enfermedad cardiovascular

Consecuencias para nuestra salud derivadas del exceso de acúmulo de tejido graso en el organismo.

Sin embargo, no entrenar la fuerza conlleva perderla. Perder fuerza consiste en perder capacidad, función y potencial por el descenso del reclutamiento de las unidades motoras que inervan a fibras musculares tipo IIA.

Se denomina unidad motora al conjunto especializado de motoneuronas (neuronas del sistema nervioso central) que inervan a un grupo concreto de fibras musculares. Nuestro director de orquesta, el sistema nervioso central, envía información de distinta intensidad a cada uno de los haces de fibras que componen cada uno de nuestros músculos. Pero no todas las señales de información están asociadas a una misma magnitud de intensidad eléctrica, sino que cada una de ellas se adapta de forma específica al tipo de fibras al que se dirige. Por ejemplo, no presenta la misma intensidad una señal nerviosa enviada a una fibra rápida que una señal nerviosa enviada a una fibra lenta. Además, el sustrato energético que se utiliza en cada vía de señalización es también distinto.

Las unidades motoras están estrechamente vinculadas a la salud y al rendimiento, tanto físico como mental y tanto a nivel nervioso como metabólico. Perder unidades motoras que conecten con paquetes de fibras musculares rápidas está asociado a pérdida de fuerza y, por lo tanto, de capacidad general; a pérdida de flexibilidad metabólica (capacidad de nuestro metabolismo para utilizar diferentes sustratos energéticos de la forma más eficiente posible); y a pérdida de funcionalidad (y, por lo tanto, a ganancia de fragilidad, debilidad, vulnerabilidad y dependencia).

LA ALTA INTENSIDAD ES AMIGA ÍNTIMA DE TU SALUD

En este apartado, me gustaría asignar a la intensidad el rol de actriz principal en el reparto de papeles implicados en la dosis óptima de Ejercicio Físico. Hay que tener muy en cuenta que unas intensidades bajas no tienen impacto biológico y, por tanto, no nos permitirán progresar. Tenemos que cambiar paradigmas, romper con dogmas superlativamente arraigados en la población general y evolucionar hacia abordajes del entrenamiento de personas mayores que estén basados en la alta intensidad.

Alta intensidad: clave en el territorio de la salud de las personas mayores.

La alta intensidad transita por territorios de salud mientras que, por el contrario, las intensidades bajas lo hacen por territorios de enfermedad. O expresado de otra manera: si pretendemos mejorar, tenemos que adquirir la capacidad suficiente para entrenar a altas intensidades durante los tiempos adecuados.

Como veremos más adelante en mayor detalle, la capacidad de activar y estimular fibras musculares rápidas será un factor clave y prioritario en el devenir de nuestra salud orgánica y en el desempeño de nuestras vidas con total plenitud funcional.

¿Caminatas, paseos en bici, actividades de baja intensidad? Sí, pero no pueden ser los únicos ejercicios a realizar si lo que pretendemos es mantener unos buenos niveles de salud.

La caminata se presenta como una extraordinaria forma de sacar a pasear la grasa.

EJERCICIO FÍSICO NO ES LO MISMO QUE ACTIVIDAD FÍSICA

Tenemos tendencia a pensar que Ejercicio Físico y actividad física son lo mismo, pero no es así. De entrada, el impacto biológico que generan uno y otra están a años luz de distancia.

Veamos, pues, dónde estriban sus principales diferencias para fijarnos en que lo que verdaderamente necesitamos para experimentar un envejecimiento saludable no es tanto un alto volumen de actividad física (si es así, mucho mejor), sino más bien un Ejercicio Físico adaptado al contexto y a las circunstancias de la persona.

La **actividad física** la podríamos definir como cualquier tipo de movimiento que incrementa nuestra tasa metabólica basal. Por ejemplo: fregar los platos, caminar por la plaza del pueblo, barrer la calle o subir las escaleras del metro. La actividad física es muy loable, pero si nos limitamos exclusivamente a ella debemos tener en cuenta que el impacto a nivel biológico será bajo y que la mejora en el estado de salud no será de gran importancia. Las actividades físicas habituales que desarrollamos a lo largo del día en distintos ámbitos son fantásticas, sin embargo, no nos debemos limitar a ellas como medio de mantenimiento y desarrollo de un óptimo estado de salud.

La alta intensidad es amiga de la salud. Cuando realizamos actividad física (baja intensidad), activamos un tipo de fibras musculares (tipo I o lentas) cuyo desarrollo en solitario (a expensas de las fibras tipo IIA, las rápidas) puede llegar a acarrear un perjuicio al tejido muscular esquelético al reducir su calidad y su cantidad (a favor de la sarcopenia, la dinapenia o la osteopenia), con todo el deterioro funcional que ello acarrea.

Por otro lado, el **Ejercicio Físico** es un tipo de movimiento programado, con una dosis adaptada y determinada, dirigido a la consecución de un objetivo concreto. Esto implica alcanzar unas cotas de intensidad y entrar en unos umbrales metabólicos dentro de los cuales se impacta adecuadamente en la biología del organismo.

El Ejercicio Físico, correctamente adaptado y dosificado por un profesional competente, permitirá mantener el número y el tamaño de fibras rápidas y de sus respectivas unidades motoras. Incluso será capaz de crear nuevos nichos de fibras rápidas a través de la especialización de nuevas células que hasta ese momento no tenían una función concreta (conocidas como «células satélite»).

Por ejemplo, un entrenamiento de fuerza con autocargas o sobrecargas, adaptado al caso concreto de una persona mayor de 85 años con prótesis en

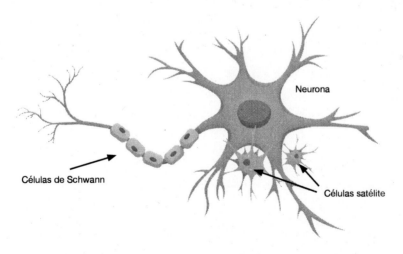

Visión de la conversión de células satélite (indiferenciadas) en células especializadas.

caderas y rodillas y con una diabetes de tipo 1, sería un ejemplo de Ejercicio Físico. Nuestro objetivo consistirá en que la persona experimente realmente una mejoría de su ecosistema metabólico y del funcionamiento biomecánico de sus estructuras corporales.

El primer principio que seguiremos será el de no hacer daño. Después aplicaremos el segundo principio, el de individualización, según el cual observaremos cómo la persona se adapta a los estímulos a los que la estamos exponiendo y cómo los tolera (si se recupera adecuadamente entre sesiones o bien si nos reporta alguna reacción que implique reajustar alguna de las variables programadas en el ejercicio: selección de ejercicios, volumen, intensidad, carga, densidad o frecuencia).

Y si esta persona mayor de 85 años es muy activa y se pasa el día caminando y montando en bicicleta y, además, también realiza labores domésticas, ¿no sería ello suficiente? La respuesta es no. Aunque esta persona sea físicamente muy activa, le faltaría el estímulo que diera oportunidad a que sus fibras rápidas (y sus respectivas motoneuronas por las que son inervadas) entren en juego y formen parte activa de la partida. Ni la caminata, ni el paseo en bicicleta ni las tareas del hogar velan por la salud de este tipo de fibras rápidas.

Mediante el Ejercicio Físico somos capaces de llegar a estimular tanto la biogénesis mitocondrial (el proceso por el cual damos mayor vida y funcionalidad a nuestras mitocondrias) como a las fibras rápidas, las del tipo IIA. Estas fibras se encargan de actuar a modo de glándulas secretoras de unas sustancias llamadas mioquinas, como la irisina (que transforma la grasa blanca en grasa beis) o la musclina y la decorina (que participan en la angiogénesis o formación de nuevos vasos sanguíneos por medio del desarrollo de la red capilar). Estas sustancias son muy importantes para la salud del organismo y solo se producen en el tejido muscular, en concreto en las fibras rápidas ¡cuando estas son estimuladas! Y el Ejercicio Físico, a través del entrenamiento de fuerza de alta intensidad, hace que este tipo de fibras se desarrolle y trabaje en beneficio de nuestra salud orgánica general.

No nos olvidemos que estimular a nuestros músculos, además de mejorar nuestra salud metabólica, también nos servirá para muchas otras cosas que contribuyen a disfrutar de una buena calidad de vida, tales como:

▶ **Prevención de fracturas óseas**, ya que el tejido muscular actúa a modo de protector del hueso. Ayuda a la prevención de caídas, algunas de las cuales pueden ser fatales o disminuir notablemente la calidad de vida de

Actividad física: Movimiento indiferenciado, bajo impacto biológico, intensidades bajas, desarrollo de fibras musculares lentas.

Ejercicio físico: Implica una programación y una dosis, se persigue un objetivo, alto impacto biológico, distintas intensidades, estímulo de fibras musculares rápidas.

los mayores que las sufren. La mayoría de las caídas son fruto de déficits de potencia, masa y fuerza muscular.

▶ **Mejoras de niveles de fuerza**, asociados a adaptaciones a nivel neural que tienen mucho que ver con la esperanza de vida. Diversos estudios concluyen que el nivel de fuerza de prensión manual (capacidad de aplicar fuerza con la mano) se correlaciona directamente con la esperanza de vida de la persona (a mayor grado de pérdida, menor esperanza de vida y viceversa). El nivel de fuerza de una persona está relacionado de manera muy estrecha con su estado de salud general y señala muy de cerca la calidad de vida tanto real como percibida de la persona. Incrementos y mejoras a nivel de tejido muscular (entrenamiento de hipertrofia y de potencia muscular) llevarán consigo adaptaciones y desarrollos a nivel de fuerza que van a ser básicos para la vida independiente y alejada de la fragilidad y la debilidad en el adulto mayor. ¡Y **también mejoras de resistencia**! Y es que está más que demostrado que mejorar y estimular nuestros músculos también lleva implícita una mejora de la resistencia cardiovascular, lo cual se consigue no solo con actividades aeróbicas (andar, correr, pedalear…), tal y como tradicionalmente pensamos, sino también, y fundamentalmente, con el entrenamiento de fuerza de alta intensidad.

La pérdida de fuerza y masa muscular es uno de los factores de riesgo de la enfermedad cardiovascular que a menudo se olvida. Los músculos esqueléticos liberan sustancias saludables para el corazón (mioquinas) y mejoran la microbiota intestinal (trataremos este punto más adelante).

▶ **Mejora de la postura.** La relación de una mala postura con descompensaciones musculares y articulares puede llegar a ser causa de multitud de lesiones, molestias o dolor; así como de pérdidas en el terreno emocional (autoestima, autoconfianza, empoderamiento personal…).
Una buena higiene postural tiene mucho que ver con el entrenamiento de fuerza adaptado, que es capaz de equilibrar los desajustes que puedan existir en el sistema a consecuencia de las actividades de la vida diaria. Las mejoras que consigan alinear todo nuestro cuerpo van a ofrecer beneficios a múltiples niveles (por ejemplo, un incremento de la autoestima y la autoconfianza) y desencadenarán una mejor calidad de vida percibida por la persona.

▶ **Mayor funcionalidad para las actividades de la vida diaria de la persona.** Por ejemplo, salvar obstáculos inesperados, subir y bajar escaleras, mantener el equilibrio, sentarse y levantarse con facilidad, empujar, estabilizarse en situaciones complicadas... El entrenamiento de fuerza es fundamental para que el adulto mayor sea capaz de hacer frente a las demandas físico-cognitivas a las que se enfrenta en su día a día en casa, en la calle, en el trabajo...

▶ **Mayor movilidad y mejoras en el control de la nueva movilidad ganada.** Lo que implicará la posibilidad de ampliar la gama de potencialidades motrices y también tendrá un impacto importante en la realización de las actividades cotidianas del adulto mayor (por ejemplo, una buena movilidad y control sobre la estabilidad dinámica del hombro para que una mujer

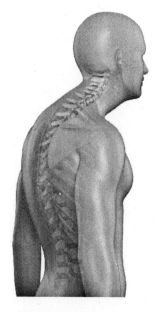

Muestra representativa de una actitud característicamente «hipercifótica» (aumento de la concavidad anterior de la columna dorsal).

pueda desabrocharse el sujetador), que le permitirán alejarse de la dependencia el mayor tiempo posible.

▶ **Desarrollo cognitivo y prevención de enfermedades cerebrales (como demencia senil o Alzheimer).** El músculo, tal y como hemos señalado más arriba, se conecta directamente con el sistema nervioso central. El entrenamiento de fuerza y el desarrollo del tejido muscular son clave tanto en la prevención como en el tratamiento de enfermedades cerebrales que son prevalentes entre la población adulta mayor.

El movimiento es fundamental para la salud de nuestro cerebro. Nuestra salud cerebral se ve mejorada gracias al movimiento con:

- la liberación de neurotransmisores como la dopamina y la serotonina
- una mejor regulación de los niveles de glucosa en sangre que evitan la acumulación de grasa y cuerpos amiloides en torno a nuestros órganos y, por tanto, de lipotoxicidad y ambientes proinflamatorios
- la mejora de la microbiota intestinal (la flora bacteriana que puebla el intestino)
- la optimización del rendimiento de la corteza motora, que se encuentra en el lóbulo frontal del cerebro

▶ **El más potente antioxidante.** En nuestro organismo nos encontramos continuamente ante la amenaza de radicales libres (especies reactivas de oxígeno que atentan contra nuestras células cuando se acumulan en mayor medida de la necesaria). Para hacer frente a los radicales libres, nuestro cuerpo está preparado con sus propios antioxidantes, que se ven ayudados por los antioxidantes procedentes del exterior, fundamentalmente a través de la dieta: vitaminas C y E. Sin embargo, no hay antioxidante más potente que el Ejercicio Físico, que previene de esta forma el envejecimiento prematuro de nuestros tejidos biológicos.

▶ **Mejor flujo energético general, mejora del estado de ánimo, mejora de las relaciones interpersonales y antidepresivo natural.** El movimiento, en general, y el entrenamiento de fuerza en particular, exige la salida de energía de nuestro cuerpo. Como comentamos anteriormente, la práctica de actividades que generan una demanda energética nos previene de la acumulación de energía que se pueda presentar en el organismo y, por tanto, de la patología y la enfermedad.

Además, el entrenamiento, por medio de la estimulación de sustancias como la serotonina (popularmente conocida como la «hormona de la felicidad»), mejora el estado de ánimo y el sentido del humor, nos permite gestionar niveles de ansiedad alterados, facilita nuestras relaciones interpersonales y, en última instancia, enriquece la calidad de nuestros pensamientos, actuando como un potente antidepresivo.

TIPOS DE FIBRAS MUSCULARES Y SU RELACIÓN CON LA SALUD

En nuestros músculos tenemos tres tipos de fibras:

- ► las de tipo I (o lentas),
- ► las de tipo IIA (o rápidas oxidativas), y
- ► las de tipo IIX (o rápidas glucolíticas).

Cuando practicamos el entrenamiento de fuerza adecuado, estimulamos las unidades motoras que inervan a las fibras rápidas tipo IIA y IIX, las verdaderas promotoras de salud de todo tipo (metabólica, neurodegenerativa, ósea…), íntimas amigas de nuestro metabolismo, de nuestras mitocondrias y de nuestra buena calidad de vida en general.

A lo largo de los últimos 40 años se han ido asentando dogmas a favor de las actividades continuas de baja intensidad, como las caminatas o los paseos en bicicleta. Hemos dado más protagonismo al «bueno, al menos haz algo» que al planteamiento de si lo que estamos haciendo tendrá algún impacto positivo en la biología de la persona.

Las caminatas y los paseos en bicicleta son geniales, pero también tenemos que considerar que promueven la pérdida de las fibras musculares tipo IIA y IIX (junto a las unidades motoras que las inervan); precisamente las que tenemos que seguir estimulando a medida que nos vamos haciendo mayores.

A medida que envejecemos, las fibras rápidas (IIA y IIX) del tejido del músculo esquelético tienden a perderse, mientras que las fibras lentas (tipo I) aumentan, comiendo terreno a las que precisamente nos interesa fomentar.

¿Cuáles son las consecuencias? La pérdida de fibras rápidas altera nuestro metabolismo, nuestros valores de fuerza, nuestro potencial para desempeñar actividades y disminuye nuestra funcionalidad, lo que nos llevará al declive mental, físico y orgánico en general.

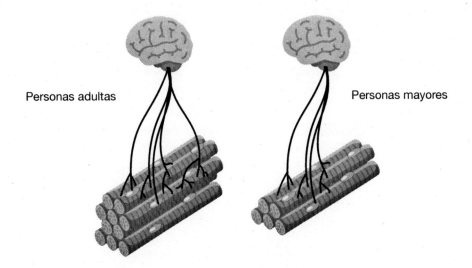

Personas adultas

Personas mayores

Degeneración de la conexión entre cerebro y músculo con la edad tanto en cantidad como en calidad. En la parte superior de las figuras se representa la corteza motora cerebral, desde donde se envía información a través de las conexiones de los nervios motores con los paquetes de fibras musculares, representados en la parte inferior.

El tejido muscular libera al torrente sanguíneo unas sustancias, llamadas mioquinas, que se dirigen a distintas partes del cuerpo y regulan funciones corporales y procesos orgánicos muy importantes. Las mioquinas son liberadas especialmente en las llamadas «fibras musculares de la salud», es decir, en las fibras rápidas tipo IIA y IIX, cuando el músculo se contrae, lo cual tiene lugar cuando se le estimula como es debido. En el entrenamiento físico, como en otros ámbitos de la vida, no todo vale y no todo tiene el mismo impacto sobre nuestro organismo y sobre nuestra biología.

Pensemos que estamos haciendo un flaco favor a nuestro tejido muscular y a todo nuestro organismo si a la tendencia a perder fibras rápidas a causa del envejecimiento añadimos la ausencia de un buen programa de entrenamiento de fuerza adaptado, una actividad física diaria escasa y basada en intensidades de movimiento relativamente bajas y, por último, una alimentación que no esté bien equilibrada, en especial por el bajo aporte de proteínas diario.

ENVEJECIMIENTO Y ACUMULACIÓN DE GRASA INTERMUSCULAR

Las investigaciones realizadas hasta la fecha han puesto de manifiesto que el deterioro de la composición corporal de la persona que va envejeciendo es una de las principales causas de sus problemas de salud general. Merece especial atención el contexto de inflamación y de lipotoxicidad que se manifiesta cuando se forman depósitos de grasa en el interior de los músculos, entre las fibras de las que están compuestos.

En estos casos, la biología de la persona sufre un grave perjuicio, puesto que los sistemas fisiológicos se ven expuestos a un envejecimiento prematuro y acelerado. Cuando la grasa que se acumula es intramuscular son de esperar alteraciones como la temida resistencia a la insulina. La complejidad de revertir esta situación es de tal magnitud que lo más útil es centrar nuestra atención en la prevención, mucho menos costosa que la reversión en tiempo, esfuerzo y energía.

Hay una relación causal entre acumulación de grasa intermuscular y pérdida de capacidad funcional, lo cual altera de forma directa el grado de independencia y autonomía de la persona mayor y se convierte en un factor clave en lo que se refiere a su percepción de la realidad, la calidad de sus pensamientos y su proceso de toma de decisiones.

Un exceso de tejido graso genera una alteración en la flora bacteriana (conjunto de bacterias que habitan en nuestro intestino), conlleva un estado latente y continuo de inflamación crónica de bajo grado, produce neuroinflamación (inflamación del cerebro) y neurotoxicidad (toxicidad en el cerebro) y altera el eje hipotálamo-hipofisario (centro de operaciones endocrino y de gestión de procesos tan importantes como la regulación de los circuitos de hambre y saciedad). Y todo ello impacta en la gestión emocional y en los procesos de toma de decisiones.

La buena noticia es que con el Ejercicio Físico y la alimentación adecuados podemos mejorar la composición corporal y prevenir la infiltración de grasa intermuscular. Nunca es demasiado tarde para ello, puesto que en distintos estudios realizados en personas de 80 años se han podido observar mejoras en composición corporal y pérdida de grasa intermuscular.

En una de estas investigaciones, una muestra de 13 hombres y mujeres de entre 65 y 83 años practicó un protocolo de entrenamiento de fuerza durante 24 semanas; después dejaron de entrenar durante otras 24 semanas y, tras este parón, retomaron el entrenamiento 12 semanas más (Taafe y cols 2009). ¿Qué se observó? Que, durante las semanas en que entrenaron, sus niveles de grasa intramuscular disminuyeron y cuando dejaron de entrenar, volvieron a aumentar. Independientemente del incremento o no del tamaño muscular, el entrenamiento de fuerza les permitió mejorar su composición corporal a través de la reducción de la grasa localizada en zonas que comprometen en gran medida la salud.

En la actualidad se están realizando muchos estudios para comprender mejor las vías a través de las cuales la infiltración de grasa intermuscular pueda ser subyacente a graves complicaciones de salud muy extendidas en personas mayores, como, por ejemplo, la artrosis de rodilla.

3

Entrenamiento de fuerza y de potencia muscular

Estos tipos de entrenamiento son claves para tener una larga vida. Y no solo para vivir muchos años, sino también para vivir con una alta calidad de vida. No se trata solo de añadir años a la vida, sino de añadir vida a esos años. En numerosas ocasiones pensamos que con una buena alimentación podremos controlar nuestros niveles de glucosa en sangre o disminuir el riesgo de sufrir accidentes cardiovasculares. Es cierto que una buena dieta influye en ello, pero lo que verdaderamente ofrece motivos de peso para mantenerse con salud será la consecución y el mantenimiento de una buena condición muscular.

No envejecemos a causa de los años, sino más bien a causa de los daños. De ese modo es como vamos perdiendo progresivamente capacidad funcional, independencia y autonomía. La aptitud física y la calidad de vida están estrechamente interrelacionadas. Unos músculos fuertes nos permitirán llevar a cabo nuestras actividades físicas y mentales diarias de la mejor manera posible. Por el contrario, la pérdida de masa muscular y de fuerza reportan a nuestro organismo graves agravios a todos los niveles (cerebral, óseo, renal, hepático, pancreático…).

Dicho de otra manera, un tejido muscular activo nos protegerá de diabetes, enfermedades cardíacas, daños cerebrales, osteoporosis, problemas digestivos o patologías metabólicas como la obesidad, entre otras. Además, una buena cantidad de músculo nos permitirá mantener el peso a raya. Nuestros músculos son auténticas despensas de glucosa y grandes consumidores de energía.

En un estudio realizado en hombres y mujeres de mediana edad que entrenaban la fuerza tres veces por semana en sesiones de menos de una hora, se pudo comprobar que sufrieron entre un 40 % y un 70 % menos de enfermedades y problemas cardíacos durante el seguimiento que se les hizo a lo largo de 15 años, en comparación con otro grupo de personas que no practicaron este entrenamiento (Liu y cols., 2019). Asimismo, se ha podido verificar en personas mayores de 80, 90 y 100 años que se pueden seguir obteniendo mejoras musculares mediante la realización del entrenamiento adecuado de fuerza y de potencia muscular.

Una serie de estudios confirman que las personas mayores de 90 años pueden seguir beneficiándose de los efectos y las adaptaciones del entrenamiento de fuerza, reportando mejoras de entre un 3 y un 11 % de la masa muscular tras un periodo de entrenamiento de la fuerza de 8 a 12 semanas (Fiatarone y cols., 1990).

Una revisión de 121 estudios desarrollados en 6.700 personas adultas mayores muestra cómo la mejora de la fuerza y la potencia muscular ayuda a combatir las consecuencias del envejecimiento y a mejorar la calidad de vida en distintos contextos de salud de las personas mayores (Liu y cols., 2009).

Pero ¿qué es exactamente el entrenamiento de fuerza?, ¿en qué se diferencia del entrenamiento de potencia?, ¿cómo lo podemos hacer?, ¿de qué forma tus músculos responden a estos ejercicios? Sobre ello vas a poder informarte en el siguiente epígrafe, donde observarás como la falta de uso y el paso de los años son un verdadero lastre para tu tejido muscular.

Practicar entrenamiento de fuerza y de potencia muscular es fundamental para la construcción de unos músculos fuertes que nos permitan afrontar las actividades de la vida diaria con las máximas garantías y reducir las probabilidades de posibles lesiones y caídas.

ENTRENAMIENTO DE FUERZA: ABORDAJE TRADICIONAL

El entrenamiento de fuerza es conocido popularmente como aquel que logra hacer crecer el músculo por medio de vencer cargas o resistencias. Dichas cargas o resistencias pueden ser desde el propio peso corporal (autocarga) hasta mancuernas, pesas rusas, barras, bandas elásticas o máquinas creadas exprofeso para tales fines.

La resistencia a vencer en los ejercicios de fuerza tiene que ser estimulante para el sistema nervioso y muscular, pues de lo contrario no conseguiremos mucho y será complicado progresar. El entrenamiento contra resistencias no solo será adecuado para los músculos, sino que también nuestro cerebro, huesos, corazón, sistema inmune y otros órganos vitales básicos como el páncreas o el hígado se verán altamente beneficiados por su práctica correctamente dosificada.

Más allá del interés estético que cierto sector de la población le pueda dedicar al entrenamiento de fuerza, su justificación fundamental estará siempre en la mejora de la salud y la prevención de todo tipo de factores de riesgo (metabólicos, cardiovasculares, de caídas...).

Entrenar la fuerza está directamente vinculado con el desarrollo de capacidades, con la mejora de sistemas biológicos y con el incremento de la capacidad funcional de la persona mayor. La fuerza es la capacidad física y cerebral de la cual emanan el resto de capacidades (resistencia, movilidad, elasticidad).

Propuesta de estructuración de las capacidades físicas en torno a la fuerza muscular como la capacidad física básica (Tous, J., 2007).

Veamos diferentes ejemplos que ilustran la importancia del entrenamiento de fuerza en la persona mayor: no podemos caminar más rápido por falta de fuerza, no podemos levantar más la pierna al subir un escalón por falta de fuerza, no podemos despegar los dos pies a la vez del suelo por falta de fuerza, no podemos agarrarnos fuertemente a la barra del autobús por falta de fuerza... Necesitamos desarrollar capacidad de trabajo para poder obtener resultados funcionalmente óptimos en nuestro día a día.

ENTRENAMIENTO DE POTENCIA: ABORDAJE COMPLEMENTARIO

Otro tipo de entrenamiento, conocido como entrenamiento de potencia, es tan importante como el clásico entrenamiento de fuerza para desarrollar y restaurar las capacidades funcionales.

Como su propio nombre sugiere, el objetivo de este tipo de entrenamiento es incrementar la potencia, que es el resultado de la fuerza por la velocidad de aplicación de dicha fuerza y que indica el grado de rapidez con el que se aplica una determinada cantidad de fuerza para conseguir un objetivo.

Por ejemplo, ser capaz de cruzar un paso de peatones antes de que el semáforo vuelva a ponerse en rojo es resultado no solo de tener la suficiente fuerza, sino también la suficiente potencia (fuerza x velocidad). Desarrollar una buena potencia muscular será clave en la prevención de accidentes y caídas en personas mayores.

Algunos ejercicios de potencia serán los mismos ejercicios de fuerza aplicados a la máxima velocidad posible. Otros pueden consistir en practicar acciones de la vida cotidiana, como levantarse de una silla o transportar una carga, a la mayor velocidad posible.

Con el paso de los años, la potencia muscular se pierde más rápidamente que la fuerza muscular, en torno a un 3,5 % al año. Por esta razón, la práctica de este tipo de entrenamiento resulta esencial durante el proceso de envejecimiento y por ello también nuestros programas de entrenamiento deberán combinar ejercicios con movimientos más controlados, hechos a menor velocidad, con otros realizados de la forma más rápida y explosiva posible. De esta forma, podremos obtener los máximos beneficios de ambos tipos de entrenamiento.

UNA MIRADA A TUS MÚSCULOS Y A TU MOVIMIENTO

Antes de que continúes leyendo acerca de los beneficios del Ejercicio Físico sobre tu salud o pongas en práctica los ejercicios de tu programa de entrenamiento, es conveniente que comprendas con cierto detalle cómo funcionan tus músculos y tus movimientos y de qué manera el entrenamiento de fuerza y de potencia los puede mejorar.

En nuestro cuerpo podemos identificar tres tipos de músculos: el **músculo cardíaco** (el corazón), los **músculos lisos** (los que se encuentran alrededor de nuestros órganos vitales básicos y los que forman parte de nuestras vías sanguíneas, produciendo las contracciones y relajaciones que permiten que la sangre los irrigue) y los **músculos esqueléticos** (que, unidos a los huesos, nos permiten movernos).

De estos tres tipos de músculos, solo los esqueléticos están bajo nuestro control directo. Sobre ellos consideraremos el impacto y los beneficios del entrenamiento de la fuerza y la potencia muscular.

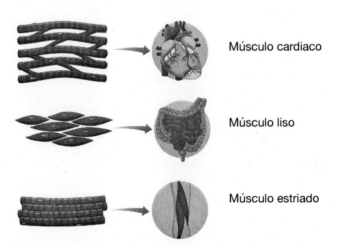

Músculo cardiaco

Músculo liso

Músculo estriado

Tipos de músculos que podemos encontrar en nuestro organismo. El músculo estriado o esquelético es el único sobre el que podemos ejercer un control directo.

En nuestro cuerpo contamos con más de 600 músculos esqueléticos, los cuales nos permiten caminar, flexionar el codo, rotar la cabeza o nadar, entre otros movimientos simples o más complejos que tenemos la posibilidad de poner en práctica.

Los músculos esqueléticos son verdaderamente complejos. Un solo músculo tiene alrededor de 10 000 millones de fibras musculares. Las fibras musculares se encuentran dispuestas en pequeños paquetes denominados «fas-
cículos», dentro de los cuales interactúan para trabajar juntas y producir el
resultado deseado. Los impulsos nerviosos envían las instrucciones sobre
cómo nos tenemos que mover. Este impulso nervioso se denomina «unidad
motora».

Estructura del músculo esquelético

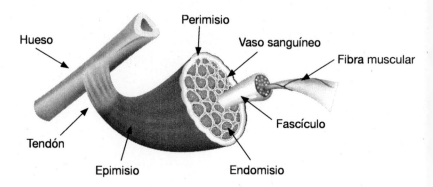

Los músculos pueden parecer estructuras simples, pero son realmente muy complejas.
Por fuera, están envueltos por un tejido conectivo que recibe el nombre de «epimisio»
y se unen a los huesos por medio de otro tejido llamado «tendón».

Cada paquete de fibras está envuelto por un tejido conectivo que recibe
el nombre de «perimisio». Dentro de cada fibra muscular hay cientos de pequeños filamentos llamados «miofibrillas». A su vez, las miofibrillas se di-
viden en pequeñas estructuras funcionales llamadas «sarcómeros», que son
las unidades contráctiles del tejido muscular esquelético. En el interior de
los sarcómeros hay bandas de proteínas contráctiles, llamadas «miofilamen-
tos», que generan la fuerza de la contracción muscular. Asimismo, dentro de
las fibras musculares nos encontramos con glucógeno (azúcar) y reservas de
grasa, que se encargan de proveer la energía necesaria para la contracción
muscular.

Los músculos esqueléticos tienen dos tipos distintos de fibras musculares. Las lentas (o de tipo I) y las rápidas (o de tipo II). En función del tipo
de actividad que se vaya a realizar, se verán más demandadas unas u otras.

► Las **fibras lentas** son demandadas sobre todo para actividades de baja a moderada intensidad. Caminar, nadar, dar un paseo en bicicleta o trotar a ritmo suave son ejemplos de actividades en las que predomina la activación de las fibras lentas o de tipo I. Este tipo de fibras también son las más demandadas en esfuerzos físicos de larga duración.

► Por el contrario, las **fibras rápidas** serán requeridas básicamente para realizar esfuerzos cortos y de alta intensidad. Su fatigabilidad con respecto a las fibras lentas es mucho mayor. Esprints, saltos o lanzamientos serían ejemplos de actividades en las que fundamentalmente se reclama a las fibras rápidas o de tipo II.

En teoría, el entrenamiento de fuerza involucrará en mayor medida a las fibras lentas; y el entrenamiento de potencia, realizado a la mayor velocidad posible, a las fibras rápidas. Sin embargo, en la práctica, será el grado de esfuerzo y de intensidad el que genere una alternancia en la contracción de estos dos grandes tipos de fibras. Por ejemplo, en un mismo ejercicio desarrollado con cargas diferentes, podemos involucrar más un tipo de fibras u otro: por ejemplo, unas sentadillas con 2 kilos de sobrecarga tenderán a reclutar más fibras lentas; sin embargo, unas sentadillas con 60 kilos de sobrecarga demandarán un mayor reclutamiento de fibras rápidas.

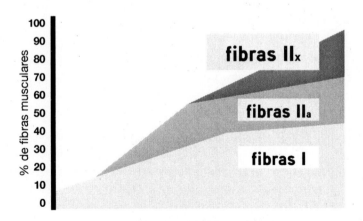

Porcentajes de participación de los distintos tipos de fibras musculares en función de la demanda de tiempo y de intensidad que implique la actividad o el Ejercicio Físico a realizar por la persona.

MÚSCULOS EN ACCIÓN

El entrenamiento de fuerza y el de potencia permiten incrementar la capacidad muscular. El entrenamiento de la fuerza estimula la producción de nuevas proteínas y, cuando este ciclo ocurre repetidamente, los músculos se hacen más fuertes y grandes. La capacidad general de respuesta al incremento de la fuerza y el tamaño muscular es mayor en el hombre con respecto a la mujer, por tener más testosterona y un ambiente hormonal más propicio para el desarrollo muscular.

Es interesante señalar que, independientemente del incremento o no del tamaño muscular, los factores de mejora de la capacidad nerviosa producidos por el entrenamiento de fuerza y de potencia muscular igualmente te permitirán hacerte más fuerte que antes. La mejora de la función nerviosa te permitirá moverte mejor y más rápido, así como movilizar mayores magnitudes de cargas. Todo ello es consecuencia de la mejora de la capacidad nerviosa y del impacto positivo del entrenamiento de fuerza sobre el cerebro.

Durante la realización de un ejercicio de fuerza, podemos diferenciar tres tipos de contracciones musculares distintas:

▶ **Contracción concéntrica**: se genera fuerza durante el acortamiento de la fibra muscular. Por ejemplo: cuando levantamos un objeto con la mano mediante la flexión del codo.

▶ **Contracción excéntrica**: se genera fuerza durante la elongación de la fibra muscular. Por ejemplo: cuando frenamos la bajada de un pie hacia el suelo desde un escalón.

▶ **Contracción isométrica**: se genera fuerza sin que la fibra muscular se acorte o alargue. Por ejemplo: cuando mantenemos una bandeja sobre la palma de la mano.

Cuando practiquemos entrenamiento de fuerza, todas las fases de contracción nos reportarán sus beneficios. Es importante hacer hincapié en todas ellas a lo largo del tiempo, puesto que su transferencia a nuestras actividades de la vida diaria resultará verdaderamente positiva.

En los últimos años se han realizado numerosos estudios en los que se pone de manifiesto la importancia de realizar la fase concéntrica de los movimientos durante los entrenamientos de fuerza a la mayor velocidad intencional posible. Por ejemplo, si practicamos un ejercicio de fuerza de piernas consistente en sentarse en una silla y volver a levantarse, daríamos las siguientes instrucciones para optimizar los beneficios de esta tarea:

«Siéntese lentamente (fase excéntrica larga, de al menos dos segundos), a mitad del recorrido de bajada quédese quieto (fase isométrica, de al menos dos segundos) y prosiga con la bajada para llegar a sentarse en la silla. A continuación, trate de subir a la máxima velocidad posible (fase concéntrica explosiva)».

Fase excéntrica   **Fase isométrica**   **Fase concéntrica**

Representación de las distintas fases del movimiento en un patrón de sentadilla.

Para concluir este apartado, señalaremos los principales beneficios de hacer hincapié en una fase de contracción muscular u otra:

▶ **Enfatizar la fase concéntrica** aportará el necesario estímulo mecánico para la construcción de un tejido muscular saludable. Si esta fase se trabaja a la máxima velocidad intencional, se optimizará la ganancia de fuerza.
▶ **Enfatizar la fase excéntrica** nos acondicionará para una fase del movimiento un tanto olvidada pero necesaria en la vida cotidiana para la prevención de lesiones y caídas: las desaceleraciones. Además, nuestros tendones recibirán un maravilloso estímulo que les permitirá engrosarse y aumentar sus capacidades mecánicas.
▶ **Enfatizar la fase isométrica** será muy útil en personas con problemas articulares o con restricción de la movilidad, puesto que el impacto mecánico articular será menor que en los dos tipos de contracciones anteriores.

4

Dosis mínima eficaz

Uno de los mayores retos a los que se está enfrentando la ciencia en los últimos años es identificar cuál sería la dosis mínima eficaz de Ejercicio Físico en personas mayores.

Se ha evidenciado que acumular por acumular, en lo que respecta a Ejercicio Físico y adaptaciones orgánicas, carece de sentido e incluso podría llegar a reportar múltiples perjuicios para el bienestar de la persona en forma de lesiones o molestias.

Dar con la dosis y la pauta de ejercitaciones precisa será el factor clave para la adherencia y el cumplimiento del Ejercicio Físico necesario para mantener los biomarcadores de salud en el mejor estado posible.

El concepto de dosis mínima eficaz, heredado del ámbito farmacológico, tiene su razón de ser en conseguir el máximo beneficio con el mínimo esfuerzo. Su aplicación práctica supondrá marcar unos objetivos asumibles y adaptados a las necesidades específicas de la persona a la que se le prescriben los ejercicios. Para ello, es fundamental tener un conocimiento lo más profundo e integral posible de la persona.

Así pues, la dosis mínima eficaz debe procurar la adherencia de la persona y deberá basarse en ejercicios sencillos, aplicables en cualquier tipo de espacio y que no conlleven demasiado tiempo (existen evidencias científicas que demuestran beneficios tangibles con solo ocho minutos diarios de ejercicio).

Incluido en este concepto de dosis mínima eficaz en lo relativo a la adherencia al Ejercicio Físico, también cabe mencionar la importancia del impacto que el ejercicio necesario, junto a la nutrición adecuada, va a tener sobre determinados aspectos estéticos que favorecen la mejora de la autoimagen corporal de la persona. Valoremos que una mejora en la salud reporta inexorablemente una mejora estética en la mayoría de los casos. El tiempo apremia y que la persona valore mejoras en cambios físicos y estéticos implicará varios puntos a favor en el proceso de adhesión al ejercicio.

Continuando con el concepto de dosis mínima eficaz, sabemos que con dos o tres sesiones de entrenamiento semanales podemos tener un buen punto de partida. Extendiendo las sesiones a cinco o seis días a medida que vamos progresando, ya nos encontramos con la adherencia mínima necesaria.

En ocasiones, la relación entre el volumen de entrenamiento y sus beneficios asociados puede ser inversa. Tenemos que considerar que todo lo que hagamos nos va a demandar una capacidad de recuperación suficiente. Si nos ejercitamos mucho, tal vez tardemos tres o más días en volver a estar en buenas condiciones para realizar otra sesión de entrenamiento. Ello podría disminuir las probabilidades de que nos adhiramos al Ejercicio Físico y, por lo tanto, que podamos seguir beneficiándonos de sus efectos y adaptaciones.

Más allá de la importancia del incremento del tejido muscular, la clave en la mejora de la calidad de vida de la persona mayor va a ser el aumento de sus niveles de fuerza. Y con ese propósito tenemos que operar a sabiendas de que, con bajas dosis de ejercitación, siempre que se haga lo correcto y adecuado, estos niveles de fuerza ya se van a ver incrementados. Esta dosis mínima eficaz nos acerca a la disminución del riesgo de lesiones y al incremento de la probabilidad de adherencia de la persona mayor al Ejercicio Físico.

TIEMPOS NECESARIOS EN LA ADAPTACIÓN DE LOS TEJIDOS

En línea con lo anterior, hay que tener en cuenta que las mejoras del control motor (mejoras del área motora cerebral), de los músculos, de las articulaciones, de las estructuras blandas (tendones, ligamentos) y de los tejidos estructurales orgánicos van a necesitar un tiempo mínimo de exposición continuada al Ejercicio Físico adaptado.

En muchas ocasiones, la falta de adherencia, la frustración o la escasez de resultados llevan a la persona al abandono de la práctica de ejercicio. Con ello se impide que se cumplan los tiempos mínimos que nuestros tejidos requieren para incrementar su capacidad funcional y nos encontramos con una típica situación de pescadilla que se muerde la cola. Si no permitimos que nuestros tejidos dispongan del tiempo necesario para sus adaptaciones de mejora, será complicado que podamos apreciar los resultados esperados que nos den el aliento suficiente para seguir ejercitándonos.

Creo que, en este punto, hay que valorar la importancia de poner en práctica una buena educación que te haga consciente y partícipe de la necesidad de respetar estos tiempos mínimos sin los cuales no lograrás ver los resultados que esperas. El profesional del Ejercicio Físico que te asesore deberá advertirte desde un inicio sobre cuáles son las expectativas reales y hasta qué punto y en qué tiempos vas a percibir y valorar los resultados que imaginas o intentas proyectar.

Considero que el mejor criterio para la valoración de la consecución de resultados en la persona mayor consiste en tratar de objetivar el incremento en su capacidad funcional transferida a las actividades físicas de su vida diaria. Recuerda a qué velocidad podías caminar hace tres meses, cuánto te costaba subir escaleras, la fatiga que te producía transportar las bolsas cargadas de la compra o acuérdate que evitabas las calles en cuesta. Reparar y tomar conciencia de la progresión en este tipo de esfuerzos cotidianos es una manera excelente de dar valor a la continuidad que tienes que dar al entrenamiento.

Para dejar atrás la frustración y, por tanto, el abandono de la práctica del Ejercicio Físico es fundamental tener una buena formación en este aspecto y gestionar de forma competente las expectativas y los logros de resultados. Tenemos que progresar con el entrenamiento y ello depende de la continuidad necesaria en el tiempo y de integrar su práctica como un hábito de vida consustancial a nuestra buena condición de vida y salud.

Concretamente, ¿cuál es el tiempo mínimo necesario para comenzar a experimentar resultados y mejoras notables? Si se hacen las cosas como se deben y se ajusta correctamente la dosis de ejercicio, este periodo de tiempo será de unas seis semanas, es decir, el tiempo de adaptación mitocondrial. Por debajo de estas seis semanas de entrenamiento, va a ser complicado valorar mejoras. Tenlo en cuenta.

Ejercítate como si tu vida dependiera de ello... pues realmente es así.

5

¿Qué puede hacer por ti el entrenamiento de fuerza y de potencia muscular?

Probablemente hayas escuchado muchas veces a lo largo de tu vida que el ejercicio es bueno para ti. Y lo cierto es que cientos de miles de estudios así lo han demostrado. Practicar Ejercicio Físico de forma regular reduce notablemente los factores de riesgo de numerosos problemas de salud, como patologías cardíacas, diabetes tipo 2, hipertensión y distintos tipos de cáncer. Todos los beneficios que nos puede aportar el Ejercicio Físico son aún más necesarios a medida que nos vamos haciendo más mayores.

Muchos estudios se han centrado en los beneficios para la salud del ejercicio aeróbico, como la carrera, la natación o el ciclismo; pero otros muchos también han evidenciado que el entrenamiento de fuerza y de potencia muscular es de extraordinario provecho para la salud de las personas que lo practican.

Tener un tejido muscular sano y activo y unos niveles de fuerza elevados nos garantizan un estado de salud en las mejores condiciones. Cuando tus músculos están fuertes, tu salud lo nota. Cuando eres fuerte, eres más rápido y puedes llegar más lejos. Practicar entrenamiento de fuerza y de potencia muscular será algo por lo que tu salud te estará eternamente agradecida.

En este capítulo veremos los principales beneficios para la salud que el entrenamiento de fuerza y de potencia nos puede reportar.

BENEFICIOS PARA LA SALUD DEL ENTRENAMIENTO DE FUERZA Y DE POTENCIA MUSCULAR

Atletas de todas las disciplinas deportivas desarrollan ampliamente sus capacidades de fuerza y de potencia muscular porque de ello va a depender su rendimiento y sus resultados en la competición. No se trata solo de que con este tipo de entrenamiento puedan rendir más y mejor, sino que además es muy beneficioso para la prevención de todo tipo de lesiones.

Durante las últimas décadas, cientos de investigadores se han propuesto averiguar y comunicar los beneficios de entrenar la fuerza no solo en los deportistas, sino también en la población general; muy especialmente en el campo de la prevención de lesiones, caídas y todo tipo de patologías de distinta naturaleza.

Entrenar la fuerza aporta un estímulo mecánico necesario al tejido del músculo esquelético, que es clave para su óptima capacidad funcional, no solo como elemento contráctil promotor del movimiento, sino también como glándula de secreción de sustancias altamente beneficiosas para la salud de las personas. Para aprovecharnos de la función endocrina del tejido muscular, tenemos que mantenerlo activo y estimulado. La liberación de mioquinas por parte del músculo al torrente sanguíneo únicamente se producirá durante la contracción de las fibras musculares.

Entrenar la fuerza y la potencia muscular, especialmente de la zona media del cuerpo y de los miembros inferiores, puede tener una gran transferencia positiva hacia la vida cotidiana de una persona mayor. Conlleva multitud de facilidades funcionales en la capacidad de desarrollo de la persona y no solo impactará positivamente en su salud física y orgánica, sino que también lo hará en lo que respecta a su salud psíquica y emocional.

Entrenar la fuerza y la potencia muscular, especialmente de la zona media del cuerpo y de los miembros inferiores, puede provocar una gran transferencia positiva hacia la vida cotidiana de una persona mayor. Si eres y estás fuerte puedes hacer casi todo lo que se te pueda poner por delante en cualquier momento de tu día a día. Esta capacidad te aportará independencia, autonomía y una amplia funcionalidad y te alejará de la fragilidad, de la vulnerabilidad y de la debilidad. Además, esquivarás enfermedades de todo tipo, caídas, lesiones, dolores y accidentes domésticos.

Vislumbrar el presente y el futuro con optimismo dependerá mucho de la condición física y muscular en que te encuentres. Si te sientes bien, si te ves bien, si llegas donde quieres y haces lo que te apetece, la vida se te hará más cuesta abajo, tanto en el plano físico como en el mental.

Recuerda que nunca es demasiado tarde para intentarlo. La propia ciencia se encarga de ofrecer infinidad de razones que lo demuestran. Deja a un lado tus límites mentales y convéncete de que hasta tu último día de vida hay trabajo posible. Puedes y debes entrenar y mejorar tu fuerza y tu potencia muscular tras los 70, los 80, los 90 e incluso hasta los 100 años.

Tradicionalmente, se ha dogmatizado sobre la asociación positiva entre personas mayores y entrenamiento con cargas muy ligeras, natación, caminatas, pedaleos y estiramientos. Esto no está mal e incluso es mejor que quedarse sentado en el sillón de casa frente a la TV. Pero tienes que saber que no es suficiente para prevenir la sarcopenia. La actividad física diaria debe ser complementada con el Ejercicio Físico adecuado y adaptado a tu contexto. Y ahí es donde precisamente debe tener cabida obligada el entrenamiento de la fuerza y de la potencia muscular.

Ejercicio físico

Actividad física

Es clave complementar la actividad física (caminata), con el Ejercicio Físico (entrenamiento de fuerza y de potencia muscular) para disponer de una buena capacidad funcional.

A mayor debilidad percibida, mayor necesidad de hacerse fuerte. Piensa en ello. Recapacita. Ponte en marcha. Hazlo como si tu vida dependiera de ello, pues verdaderamente así es.

ESTUDIOS REALIZADOS

Merece la pena destacar en primer lugar un estudio muy reciente, en el cual, tras analizar una extensa muestra de 100 000 participantes, se concluye que el levantamiento de pesas está asociado hasta con un 22 % menos de probabilidades de riesgo de muerte por cualquier causa. En dicho estudio se explica que una de las razones por las que el levantamiento de pesas y similares pueden ser beneficiosos para la salud es porque consiguen **sustituir parte de la masa grasa corporal por masa magra**, aquella que integran los órganos, huesos y músculos, estos últimos protagonistas del deporte anaeróbico (Gorzelitz y cols., 2022).

Mencionar también que una revisión de 44 estudios realizados en 9603 personas concluyó que practicar ejercicio de fuerza reducía la tasa de caídas en un 17 % (Sherrington y cols, 2008). La evidencia científica respalda la eficacia del entrenamiento de fuerza como un medio eficaz de reducir las caídas y sus consecuencias en los adultos mayores.

Si padeces alguna enfermedad, el entrenamiento de fuerza también te va a ayudar, puesto que más allá de ser una piedra angular en cuestión de prevención, también lo es en cuestión de reversión de patologías. Mejorar tu condición muscular y poner a trabajar a tus músculos va a mejorar tus biomarcadores de salud. No tengas miedo y ponte en manos de un buen profesional del Ejercicio Físico que te eduque en este tipo de práctica y adapte lo que sea necesario a tus necesidades específicas y a tu contexto.

Siempre será el ejercicio el que deberá adaptarse a la persona que lo va a poner en práctica y no al contrario. Todo debe ser progresivo y basándose en tus requerimientos y condiciones concretas. Esto funciona como en una película. Tú eres su protagonista, pero detrás de toda buena película y detrás de todo buen actor o actriz siempre hay un buen director y unos buenos guionistas. Simbólicamente, el director y los guionistas, en nuestro escenario, son los profesionales que van a dosificar el ejercicio que debes realizar. Te dirán qué, cómo, cuánto, a qué intensidad... y solo tú, el actor protagonista, lo puedes practicar y así lograr los resultados esperados.

Siempre será el ejercicio el que se tenga que adaptar a la persona. Si es al contrario, nos puede ocasionar problemas y tendremos que lidiar con la frustración.

¿Y si tienes artrosis de rodilla? ¿Lo mejor será que te dediques a estirar? Si padeces artrosis de rodilla, el entrenamiento que más te hará mejorar será el de potencia muscular. Este tipo de entrenamiento tendrá un impacto positivo en tu calidad de vida. En una reciente revisión sistemática que recopiló datos de 1195 pacientes de entre 40 y 86 años con artrosis en las articulaciones de los miembros inferiores se pudo comprobar las ganancias de fuerza y masa muscular obtenidas por medio del entrenamiento de fuerza, lo que a su vez permitía una mejora de la capacidad funcional articular (Liao y cols., 2020).

En otro estudio realizado siguiendo esta línea de investigación, se distribuyeron aleatoriamente 45 personas mayores en tres grupos distintos: un grupo realizaría entrenamiento de fuerza; otro grupo, ejercicios de potencia muscular; y los del grupo de control no practicarían ningún tipo de ejercicio. Tanto los miembros de los grupos de entrenamiento de fuerza como los de potencia muscular obtuvieron mejoras en su función física con respecto a los grupos que no practicaron ningún tipo de Ejercicio Físico. Los participantes del grupo de entrenamiento de potencia muscular volvieron a ser los que obtuvieron mejores resultados y mayor puntuación de satisfacción con respecto a su calidad de vida percibida (Katula y cols., 2008).

Tienes que saber que la pérdida de la potencia muscular se asocia con mayor dolor, invalidez y progresión acelerada de la artrosis. La debilidad muscular, en especial de los músculos cuádriceps, es una de las mayores consecuencias de la artrosis de rodilla. La pérdida de potencia muscular en la población con artrosis de rodilla es de un 15 % a un 38 %. En un estudio se demostró cómo el entrenamiento de potencia muscular supervisado resulta un gran aliado para paliar los efectos de la artrosis de rodilla y recuperar la capacidad funcional perdida en la articulación. Si padeces artrosis de rodilla, el entrenamiento que más te hará mejorar será el de potencia muscular. Este tipo de entrenamiento tendrá un impacto positivo en tu calidad de vida (Pelletier y cols., 2013).

Las personas mayores que entrenan la fuerza y la potencia muscular mejoran satisfactoriamente su funcionalidad en las acciones de su vida diaria, tales como sentarse y levantarse, desplazarse y transportar objetos. Todo lo que rodea su vida lo desempeñan con mayor facilidad con respecto a las personas de su edad que no practican este tipo de ejercicio. Además, se lesionan menos y sufren menos caídas y accidentes. También tienen menos cantidad de grasa intermuscular. Las personas que no entrenan, no solo no mejoran, sino que empeoran progresivamente su capacidad funcional, sufriendo una reducción paulatina de su rendimiento físico y mental.

Nunca es demasiado tarde para comenzar a practicar entrenamiento de fuerza y de potencia muscular adaptado a tu contexto y a tus circunstancias vitales.

Recuérdalo siempre. No importa la edad que tengas, empieza a entrenar la fuerza y la potencia muscular hoy y benefíciate de ello ahora y en el futuro.

La ciencia nos ha aportado suficientes conocimientos que confirman que el entrenamiento de la fuerza mejora la composición corporal de las personas que lo practican. Mejorar la relación del tejido muscular con respecto al tejido graso tiene mucho que ver con ser capaz de mejorar la condición muscular.

Los investigadores también nos han demostrado cómo el entrenamiento de fuerza puede mejorar complicaciones de salud de diversa índole que son frecuentes en personas mayores, como dolor de espalda, artritis, diabetes, osteoporosis o insomnio, entre otras. Todas pueden ser controladas con la práctica del ejercicio de fuerza.

Pero ¿cuál es la importancia relativa del ejercicio de fuerza con respecto al ejercicio aeróbico? Diversos estudios han elaborado profundos análisis sobre esta cuestión.

Algo está muy claro: los músculos no duermen. Los estudios realizados han demostrado que el entrenamiento de fuerza puede incrementar la tasa metabólica hasta en un 15 %. Tener un tejido muscular activo, por lo tanto, puede ayudar a tener un mayor gasto calórico en situaciones de descanso y reposo, lo cual puede ser muy positivo con respecto al mantenimiento de una composición corporal óptima. Dicho de otra manera, un metabolismo sano se asocia a una condición muscular adecuada. No puede entenderse la una sin el otro. El entrenamiento de fuerza atiende precisamente a esta buena condición muscular y por ello da lugar a un funcionamiento metabólico saludable, alejado de enfermedades y alteraciones diversas.

Por otra parte, tenemos que entender que, a mayor tejido muscular activo, más almacenes de glucosa, lo que significa que la regulación de los niveles de glucosa circulante en sangre tendrá mucho que ver con los almacenes musculares de los que dispongamos. Por ejemplo, si yo soy una persona con baja masa muscular, no voy a tener suficientes espacios de almacenamiento de azúcar y desarrollaré una incapacidad de metabolizar tanto el azúcar como la grasa. Recordemos que sarcopenia no solo significa un descenso de cantidad de músculo, sino que también lleva implícita una pérdida de función del mismo; y dentro de esas funciones está la metabolización de azúcar y grasa.

Una buena función muscular nos evitará padecer enfermedades serias como la diabetes tipo 2. Prevenir el desarrollo de la resistencia a la insulina, primera y principal causa de enfermedad pancreática, es la clave. Y a ello se llega con el desarrollo de una buena función muscular.

En lo que respecta al corazón, una buena condición muscular también repercutirá en la obtención de bajos niveles de grasa visceral, la cual aparece asociada directamente con la grasa pericárdica, dificultando la óptima función cardíaca diaria de la persona. Así, pues, una vida larga está asociada a una buena condición muscular.

La fragilidad no es una contraindicación en ningún caso para realizar actividad física, sino que, por el contrario, es uno de los principales indicadores para prescribir ejercicio físico. En una revisión de una serie de estudios, los autores demuestran que el entrenamiento de fuerza es un medio efectivo tanto en el tratamiento como en la prevención de la pérdida de masa y función muscular que tiende a suceder si no se practica este tipo de ejercicio durante el proceso de envejecimiento (Roth y cols., 2000).

En este capítulo, vamos a entrar a valorar otras vías de acción en las que el entrenamiento de fuerza mejora la salud de las personas en condiciones especiales, lo que también podría ayudarles a reducir la administración de medicamentos.

UNA POTENTE PRESCRIPCIÓN: EJERCICIO FÍSICO

Tal vez estamos demasiado familiarizados y tenemos asumido como normal el alto consumo de productos farmacéuticos. Tomamos medicinas que atesoran también un gran potencial de agresión hacia nuestros organismos.

Es probable que la opción más cómoda para una persona con alguna afección sea tomarse una pastilla mientras yace en su sofá cubriéndose con una manta. Sin duda, cualquier persona, respaldada por la receta que le ha prescrito «el de la bata blanca», piensa que está haciendo lo correcto y que esa es la ruta que le llevará hacia su curación.

Siento decirte que, en muchas ocasiones, esto no es así. Y es que la práctica regular de Ejercicio Físico se ha revelado como un tratamiento eficaz y barato contra todo tipo de problemas de salud. Hoy en día, se puede considerar al Ejercicio Físico como una auténtica «polipíldora» que favorece la salud de las personas que la consumen.

Claro que para consumir esta «pastilla» que mejorará tu salud sin reportarte ningún tipo de efecto nocivo (siempre y cuando el ejercicio sea prescrito por un profesional competente y actualizado), deberás despegar tu culo del asiento y ponerte en marcha hacia el esfuerzo, una cierta incomodidad, la constancia y la disciplina.

La ciencia ha puesto sobradamente de manifiesto los efectos preventivos y de tratamiento y reversión de todo tipo de patologías que el Ejercicio Físico es capaz de producir sobre la persona que lo practica adecuadamente con la regularidad necesaria. Y dentro del Ejercicio Físico, el entrenamiento de la fuerza destaca como el más adecuado para el buen funcionamiento de todos nuestros sistemas fisiológicos. Como ya mencionamos anteriormente, una buena capacidad de fuerza y un tejido muscular activo son fundamentales para el buen estado de nuestra salud orgánica.

Es aquí donde me gustaría lanzar a la palestra una cuestión que desde hace décadas lleva causando una gran controversia entre los profesionales de la salud: ¿es ética la no prescripción del Ejercicio Físico por parte del profesional sanitario? Evidencias sobran en la actualidad para responder esta cuestión con una rotunda negativa.

El Ejercicio Físico es actualmente la herramienta más barata y eficaz de la que dispone cualquier sistema público de salud para que los ciudadanos permanezcan alejados de la enfermedad el mayor tiempo posible.

REDUCCIÓN DEL DOLOR EN ARTROSIS

Correctamente realizado y dosificado, el entrenamiento de fuerza puede marcar una gran diferencia en personas que padezcan distintos tipos de artrosis. Por eso las distintas sociedades médicas implicadas lo recomiendan encarecidamente.

Pero la persona que tiene dolor a causa de la artrosis tiene un difícil dilema al respecto, por lo menos al principio. Por una parte, el entrenamiento de fuerza te permitirá ganar fuerza y estabilidad en tus articulaciones y, por tanto, las protegerá. Además, el ejercicio de fuerza también te ayudará a reducir el dolor y la rigidez y a aumentar las posibilidades de movimiento de muchas de tus articulaciones. Por otra parte, puede ser difícil comenzar a practicar entrenamiento de fuerza si sufres de artrosis. Unos músculos que no se han ejercitado pueden ser débiles y empezar a utilizarlos puede atentar contra tu salud articular. Sientes mucha rigidez en tus tejidos y tal vez por ello te dé reparo practicar entrenamiento de fuerza.

Tranquilo. Tranquila. El entrenamiento de fuerza será progresivo, estará adaptado a ti y no te dañará. Al contrario. Además, no imagines que entrenar la fuerza se corresponde con cargar mucho peso o hacer movimientos que te pueden lesionar. Nada más lejos de la realidad. Tienes que hacerte más fuerte progresivamente. Debes vencer a la debilidad y convertirte en el arquitecto de tu propia fortaleza.

Notarás que cada vez tienes una mayor libertad de movimiento y alcanzas grados de movilidad articular más elevados. Tradicionalmente, estas mejoras de la movilidad han estado asociadas a la práctica de estiramientos, pero esto no funciona así. La rigidez articular es un artificio que tu cerebro ha desencadenado fruto de la debilidad del sistema. Tu sistema nervioso central se ha puesto en marcha para salvaguardarse de un daño potencialmente mayor y, ante la amenaza de que algún elemento exterior pueda suponer un perjuicio para tu sistema, el cerebro recurre a diferentes mecanismos de defensa. El más habitual es generar rigidez en las articulaciones para que, de alguna manera, puedan tener mayor estabilidad. Obviamente, será una falsa estabilidad, porque es consecuencia de un mero mecanismo de protección cerebral.

Conforme vayas ejercitando tus músculos y ganando fuerza, tu cerebro empezará a percibir estos cambios beneficiosos y retrocederá en sus mecanismos defensivos. Sabe que ahora las condiciones naturales articulares son mejores y, por lo tanto, se relaja. Cuando el cerebro recupera la calma, los rangos de movimiento se incrementan.

En un estudio realizado con 32 hombres físicamente inactivos de 65 a 78 años (que habitualmente suelen presentar artrosis a causa de su sedentarismo), tras 16 semanas de entrenamiento de fuerza, solo o combinado con entrenamiento cardiovascular, se pudo valorar una mejora en sus rangos de movimiento en las cinco articulaciones analizadas en comparación con los hombres mayores que no realizaron ningún tipo de entrenamiento (Fatouros y cols., 2002).

El entrenamiento de fuerza puede aliviar el dolor y hacer que la calidad de vida mejore. En un estudio, una serie de mujeres mayores con artrosis o prótesis de rodilla realizaron dos sesiones de entrenamiento de fuerza a la semana durante un periodo de 13 semanas. Cuando finalizó el estudio, habían mejorado su capacidad de marcha, su capacidad para subir escaleras y su estabilidad articular (Ciolac y cols., 2015).

Otro estudio publicado en una revista de alto impacto científico también descubrió que las personas con artrosis de rodilla que realizaron entrenamiento de potencia redujeron su dolor y mejoraron su capacidad funcional (Sayers y cols., 2012).

Si quieres evitar eventos adversos y no lo crees posible por tus problemas articulares, tienes un doble motivo de peso para empezar a ponerte en marcha.

En los casos de artrosis, el cartílago que amortigua las articulaciones se va desgastando progresivamente. Diversos estudios sugieren que unos cuádriceps grandes y fuertes protegen contra la pérdida de cartílago en las rodillas. Sin unos cuádriceps fuertes, la articulación se queda al descubierto y sufre las consecuencias de los impactos, especialmente al caminar o al transportar cargas. Pero cuando unos músculos fuertes se contraen, disminuyen la presión articular. Además, como el sobrepeso afecta negativamente a las articulaciones, la capacidad del entrenamiento de fuerza para controlar el peso también es importante.

Las personas con artritis reumatoide también pueden beneficiarse de la práctica del entrenamiento de fuerza, ya que la debilidad muscular es común entre quienes padecen esta enfermedad. Múltiples estudios muestran mejoras en la función y en la fuerza, así como en la reducción de los niveles de dolor y discapacidad a través del seguimiento de programas de entrenamiento de fuerza. Hay que destacar que una clave del impacto beneficioso del entrenamiento de fuerza es darle la necesaria continuidad a lo largo del tiempo.

Pautas de Ejercicio Físico para personas con artritis/artrosis

1. Rodéate de profesionales del Ejercicio Físico con conocimientos actualizados en artritis/artrosis que adapten y dosifiquen el entrenamiento para ti en tu contexto particular. Tu programa de entrenamiento debería incluir una programación de ejercicio de fuerza, actividades de flexibilidad que incrementen el rango de movimiento y actividades aeróbicas. Trabajar en el medio acuático también puede reportar beneficios con respecto a libertad de movimientos y reducción del estrés articular.

2. Programa tu entrenamiento para los momentos del día en que pienses que te vas a encontrar mejor para ello. Por ejemplo, cuando los medicamentos estén haciendo efecto y reduciendo el dolor. Ten en cuenta que durante las mañanas los tejidos tienden a presentar mayor rigidez y, por lo tanto, tal vez ese no sea el momento más adecuado. Recuerda que no hay peor ejercicio que aquel que no se hace.

3. Antes del ejercicio, trata de exponer tus articulaciones a fuentes de calor o toma una ducha o un baño de agua caliente. Aplicar algo de frío después del ejercicio también puede resultar de utilidad.

4. Si tienes artritis reumatoide o cualquier otro tipo de artritis infla-
matoria, comienza las sesiones de entrenamiento realizando suaves
estiramientos sobre las zonas específicas que vayas a ejercitar. La inflamación hace que los tendones (las estructuras que unen los músculos con los huesos) se debiliten y se vuelvan más rígidos, lo que los
hace más susceptibles a las lesiones. Recuerda que debes realizar un
calentamiento muy progresivo, para ir ampliando muy gradualmente
los rangos de movimiento.

5. Si tienes artritis reumatoide, disminuye la cantidad e intensidad del
ejercicio si se reavivan la inflamación y el dolor. Cuando hayan pasado, vuelve a reanudar progresivamente el entrenamiento hasta volver
a alcanzar la intensidad objetivo programada por tu entrenador. Cortos periodos de actividad alternados con descansos frecuentes siempre
serán más beneficiosos que no hacer nada y pasarse el día tumbado en
el sofá.

6. Busca ejercitarte en rangos de movimiento que te resulten cómodos y
asumibles. Si todo el rango de movimiento te causa un gran dolor, deja
de hacerlo. Comunícalo a tu entrenador para que juntos podáis hallar
otras opciones.

7. Probablemente, y de forma puntual, el entrenamiento de fuerza y potencia podría generar una inflamación aguda en tus articulaciones. En
estos casos, el entrenamiento de fuerza y potencia muscular se podría
trasladar al medio acuático, donde el impacto articular será menor.

REDUCCIÓN DEL RIESGO DE ENFERMEDAD CARDÍACA

En el ámbito de las patologías cardíacas, tendemos a pensar que evitar que
el corazón se exponga a la alta intensidad es la mejor estrategia de abordaje
para las fibras musculares que componen el músculo cardíaco.

Sin embargo, nada más lejos de la realidad; la sobreprotección y la continua evitación de la alta intensidad no llevan más que a una mayor fragilidad
y a un deterioro más rápido de nuestros corazones. ¿Y qué se debe hacer?
Empezar mejorando el tejido muscular periférico en vez de comenzar a trabajar el corazón de forma directa. Es decir, no ir de lo central a lo periférico
sino de lo periférico a lo central. Solo así mejorará el corazón, si el tejido
muscular de las extremidades superiores e inferiores y del tronco (espalda,
hombros, pecho y abdomen) está en buenas condiciones.

Obviar lo periférico para concentrarse en mejorar lo central es caer en un error de enfoque que nos limitará para evolucionar como es debido. Una buena función cardíaca debe ir precedida de una buena condición muscular. Si tenemos una buena disposición y salud mitocondrial en nuestro tejido muscular esquelético, nuestro corazón será capaz de ganar capacidad e incrementar su potencial.

Fotografía del doctor Irwin Rosenberg, autor de esta cita: «Ningún declive a consecuencia de la edad es más dramático o potencialmente más significativo que el declive de la masa corporal magra».

Pues bien, si a la persona mayor se le pretende aportar mayor funcionalidad cardíaca sin antes haber atendido al declive de la masa magra corporal, no se conseguirá más que fracasar en el intento.

Recordemos que al estimular las fibras musculares del tipo IIA se vierten al torrente sanguíneo unas sustancias llamadas mioquinas, que generarán una multiplicación de la red capilar (angiogénesis) y, como consecuencia, la función cardíaca se verá mejorada en gran medida.

¡Entrenamiento de fuerza y alta intensidad, siempre personalizada y siempre bajo el control y supervisión de profesionales competentes y actualizados! ¡No hay salud orgánica sin salud muscular!

Cinco factores de riesgo de padecer enfermedad cardiovascular —inactividad, colesterol alto, presión arterial elevada, exceso de grasa corporal y diabetes— pueden regularse muy bien mediante el entrenamiento de fuerza. A pesar de ello, durante años muchos médicos han desaconsejado a los enfermos cardíacos la ejercitación mediante el entrenamiento de fuerza, teóricamente por miedo a algún tipo de accidente cardíaco que pudiera resultar fatal. Esto no es miedo, sino mero desconocimiento.

Actualmente, la Asociación Americana del Corazón sostiene que el entrenamiento de fuerza es seguro y beneficioso para la persona con enfermedad cardíaca de bajo riesgo (personas que no tengan insuficiencia cardíaca, síntomas de angina como dolor en el pecho, ni arritmias severas) e insiste en que es necesario ponerse en manos de profesionales del Ejercicio Físico cualificados, actualizados y competentes.

Muchos cardiólogos están dispuestos a ampliar dicha prescripción de ejercicio. Las personas que hayan sufrido un ataque al corazón pueden comenzar a practicar entrenamiento de fuerza al cabo de tres semanas de haber sufrido el percance si el cardiólogo así lo recomienda, en lugar de esperar de cuatro a seis semanas como proponen otras pautas de actuación más antiguas. En cualquier caso, el cardiólogo, junto con el especialista en Ejercicio Físico, deberá prescribir la progresión tanto en intensidad como en volumen, en función de cuál vaya siendo la respuesta del corazón al entrenamiento.

Un estudio donde se comparaban los efectos del entrenamiento a través solo del ejercicio aeróbico o del ejercicio aeróbico combinado con entrenamiento de fuerza en personas en periodo de rehabilitación cardíaca (tras un infarto, un ictus u otro evento cardiovascular grave) concluyó que el entrenamiento de fuerza debería formar parte del programa para las personas con patología cardíaca. Los investigadores destacaron que la inclusión del entrenamiento de fuerza, al combinarlo con el entrenamiento aeróbico, permitió a los participantes disminuir su grasa corporal, incrementar sus niveles de fuerza y mejorar su condición física general en mayor medida que si solo realizaban ejercicio aeróbico (Person y cols., 2001).

Si buena salud cardiovascular quieres alcanzar, la fuerza deberás ejercitar.

Con la mejora de la condición muscular, el entrenamiento de fuerza no solo aportará mayor capacidad a la persona en sus quehaceres físicos diarios, sino que, además, permitirá incrementar su consumo máximo de oxígeno, entendido este como la capacidad del organismo de hacer circular una cantidad óptima de oxígeno y nutrientes a los músculos implicados en cualquier movimiento.

Si se practica entrenamiento de fuerza de forma regular será menos probable que la frecuencia cardíaca y la presión sanguínea se eleven cuando plantees a tu corazón cualquier esfuerzo físico en tu vida cotidiana. También permitirá mejorar la sintomatología de la insuficiencia cardíaca, como la fatiga o las dificultades respiratorias.

Mejorar al corazón pasa primero por mejorar lo que hay a su alrededor: los músculos, especialmente aquellos en los que se encuentran las mayores masas musculares del cuerpo, los de las piernas. En otras palabras: no hay salud cardíaca sin salud muscular.

El entrenamiento de fuerza también puede protegerte de sufrir un ictus, una emergencia médica en la que el flujo de sangre al cerebro se reduce o queda bloqueado. Incluso puede ayudar a la recuperación después del ictus. Las personas que hicieron entrenamiento de fuerza de tres a seis meses después de haber sufrido un ictus mejoraron fuerza y potencia muscular, capacidad de marcha y habilidades cognitivas, según indican los resultados de doce estudios realizados sobre el tema (Bohannon y cols., 2007).

Consejos para personas con patología cardíaca

1. Ponte en manos de los profesionales adecuados antes de iniciar un programa de entrenamiento. La individualización es un factor clave a tener siempre en cuenta, mucho más todavía en poblaciones especiales. Otro punto importante es realizar una prueba de esfuerzo previa al comienzo de tu entrenamiento. De esta forma, los especialistas podrán valorar el funcionamiento de tu corazón en situaciones de esfuerzo como las que se van a producir durante tus sesiones de entrenamiento.

2. El entrenamiento de fuerza está contraindicado si tienes una angina inestable, una presión sanguínea elevada descontrolada, una frecuencia cardíaca descontrolada, una insuficiencia cardíaca que todavía no esté tratada de forma efectiva, una patología severa en una válvula del

corazón o una cardiomiopatía hipertrófica (una condición en la que una parte del corazón aumenta de tamaño y obstruye el flujo sanguíneo).

3. Tu entrenamiento debería estar siempre guiado y monitorizado por el cardiólogo y por el profesional del Ejercicio Físico especialista en cardiopatías.

4. La fase de activación previa al comienzo del entrenamiento de fuerza debe ser muy progresiva, exponiendo tu corazón a intensidades mayores siempre de forma muy gradual.

5. Asegúrate de que continúas respirando normalmente durante la realización de los ejercicios de fuerza. Se pueden generar inconscientemente fases de apnea que es conveniente evitar. La presión sanguínea puede aumentar mucho si durante la fase de aplicación de fuerza no exhalas el aire contenido en tus pulmones. Tienes que expulsar el aire en las fases concéntricas de cada movimiento que realices en tu entrenamiento de fuerza.

6. Piensa que algunos de los fármacos que estás tomando por prescripción médica pueden afectarte durante la práctica de Ejercicio Físico. Los betabloqueantes, por ejemplo, mantienen de forma artificial tu frecuencia cardíaca baja, por lo que en este caso no sería un buen indicador de la intensidad del entrenamiento en tu corazón. Los vasodilatadores y los inhibidores de la ECA (para la hipertensión) podrían hacerte más propenso al mareo a causa de un descenso de la presión arterial durante las fases de recuperación entre series y ejercicios si estas son demasiado cortas. Consulta siempre con tu médico las medicaciones que estés tomando y asegúrate que tu entrenador también las conoce y las tiene en cuenta.

7. Si tu cardiólogo te autoriza el entrenamiento de fuerza, practícalo siempre bajo la tutela y la dosificación de un entrenador competente, actualizado y especialista en la materia.

OSTEOPOROSIS

La pérdida de densidad mineral ósea se genera por varios factores: una deficiente hidratación, una alimentación a base de productos (que no de alimentos) que logran una acidificación y una inflamación crónica de bajo grado de nuestro medio orgánico interno, niveles inadecuados de vitamina D (exposición solar), un bajo nivel de actividad física (sedentarismo) y una degradación de nuestro tejido muscular esquelético por falta del estímulo adecuado, entre otros.

Una cuestión de equilibrio

Unos huesos fuertes y de calidad requieren de un equilibrio entre construcción (representada por unas células llamadas osteoblastos) y destrucción (representada por unas células llamadas osteoclastos). Un hueso de calidad, que mantenga una buena densidad mineral ósea, será aquel que presente un óptimo equilibrio entre osteoblastos y osteoclastos, o lo que es lo mismo, entre construcción y destrucción. El tejido óseo no es estático, al contrario, es tremendamente dinámico. Para que todo funcione correctamente en este ámbito se tiene que generar un proceso de destrucción de los minerales que ya no están en buen estado y que estos puedan ser sustituidos por minerales jóvenes con una mayor dureza y que aporten al hueso la resistencia y la fortaleza que demandan los estímulos a los que puedan estar expuestos.

El entrenamiento con sobrecargas es fundamental para la prevención de la osteopenia, la osteoporosis y las caídas por fracturas óseas.

El uso de medicamentos para combatir la degradación mineral ósea consigue romper el equilibrio entre osteoblastos y osteoclastos. Lo que hacen es promocionar la actividad de los constructores (los osteoblastos), inhibiendo a los destructores (osteoclastos). Con ello se consigue crear hueso sobre material viejo, frágil y disfuncional y, por tanto, se promueven las fracturas a causa de una mala calidad ósea. Por consiguiente, el tratamiento eficaz contra la osteoporosis no es el farmacológico, sino el que atiende a las necesidades naturales del hueso sin producir efectos adversos.

El músculo protector para hacer frente a las alteraciones minerales óseas y a la prevención de fracturas óseas se construye mediante el entrenamiento de fuerza (además, las tracciones son también fieles aliadas de la salud ósea), los impactos y las vibraciones, junto a la instauración de un patrón de alimentación saludable (en el que no falten las proteínas necesarias para nutrir, construir y reparar al organismo), la suficiente exposición solar (vitamina D), una buena higiene del sueño y una hidratación suficiente y adecuada a base de agua y minerales.

De media, la densidad mineral ósea pierde en torno a un 1 % anual a partir de los 40 años. Por ello, una gran parte de las personas mayores de países del primer mundo tiene osteoporosis, la cual es definida por la debilidad y el aumento de la porosidad en los huesos. Muchas otras personas todavía no padecen la enfermedad, pero van camino de ello. Alrededor de la mitad de las mujeres mayores de 50 años, y más de uno de cada cuatro hombres, podrían llegar a sufrir una fractura ósea a consecuencia de la osteoporosis.

Los efectos pueden ser fatales y devastadores. Especialmente, las fracturas de cadera son las más serias. Una cuarta parte de las personas de alrededor de cincuenta años que han sufrido una fractura de cadera mueren en el plazo de un año como consecuencia de los problemas relacionados con la fractura del hueso o de la cirugía realizada para repararla.

Generalmente, las personas mayores que sufren fractura de cadera tienen serias complicaciones funcionales multifactoriales a nivel metabólico, de movilidad y de independencia. De hecho, la mayor parte de personas mayores que sufren fractura de cadera tienen que contratar a un cuidador domiciliario que les ayude en las tareas domésticas, pues su incapacidad les impide realizarlas en muchos casos. Por todo ello es por lo que conviene centrarse en la prevención de la osteoporosis antes que tener que sufrir una fractura ósea en una articulación capital en edades avanzadas.

Numerosos estudios han demostrado que el entrenamiento de fuerza y de potencia muscular puede desempeñar un papel fundamental en la reducción de la pérdida de densidad mineral ósea. El entrenamiento de fuerza es una herramienta tremendamente potente de la que disponemos para la prevención de la osteopenia —la antesala de la osteoporosis— y de la propia osteoporosis.

Especialmente en las etapas críticas de la vida de una persona, por ejemplo en la mujer con menopausia o posmenopausia de más de 50 años, el ejercicio que se encarga de estimular al hueso es crucial en la prevención de problemas óseos. Todas las actividades que implican presión y estrés mecánico en los huesos ayudan a que estos capten mejor el calcio y su estructura celular se vuelva más sólida, fuerte y estable. El estrés mecánico y la compresión a nivel óseo son necesarios para tener unos huesos que nos ofrezcan las suficientes garantías. Este tipo de estímulos nos los ofrece precisamente el entrenamiento de fuerza y de potencia muscular, junto con actividades que impliquen impacto, como los saltos o la carrera, entre otros. El resultado de la práctica regular de este tipo de ejercicios es unos huesos más fuertes y con mayor densidad mineral.

El entrenamiento de fuerza y de potencia muscular nos reporta beneficios a nivel óseo más allá de los que nos pueden llegar a ofrecer las actividades cardiovasculares. Las sobrecargas son nuestras grandes aliadas para combatir las fracturas óseas. Es complicado que se fracture una cadera si esta tiene unos buenos glúteos, una buena musculatura media del tronco y unas piernas con unos músculos fuertes y potentes.

¿Qué efecto tiene el entrenamiento de fuerza, impacto y estabilidad sobre las caídas y fracturas en mujeres mayores a largo plazo?

Las caídas y las fracturas de cadera son dos de los grandes problemas a los que se enfrentan las personas mayores durante sus últimas décadas de vida. La pérdida de fuerza y de capacidad funcional, junto con la degeneración del control motor y una disminución de la coordinación y el equilibrio, entre otros, se presentan como los grandes responsables del incremento de los accidentes domésticos entre las personas mayores.

Una caída, o una fractura de cadera que desemboque en una caída, puede llegar a suponer un antes y un después en la calidad de vida de la persona mayor, llegando incluso a causarle la muerte o, en el más común de los casos, una reducción de la movilidad o la restricción de sus capacidades físicas, mentales y psicológicas.

Fractura de cadera: un gran mal a prevenir en las personas mayores. El mantenimiento de una calidad de vida buena, sin dependencia ni pérdida de la autonomía, va a depender en gran medida de la construcción de unos huesos fuertes. Ahí, el entrenamiento con sobrecarga es un factor crucial.

Así pues, no son pocos los trabajos de investigación desarrollados hasta la fecha en los que se manifiesta con rotunda claridad los beneficios del entrenamiento de fuerza, de equilibrio y de coordinación en personas mayores para disminuir el riesgo de sufrir caídas. Con protocolos de entrenamiento muy sencillos se generan importantes beneficios en la prevención de caídas en este tipo de población.

En el año 2015, la profesora S. Karinkanta, junto a su grupo de investigación, llevó a cabo un estudio sobre una muestra de 149 mujeres de 70 a 78 años sin osteoporosis. Durante 12 semanas, entrenaron tres veces por semana. Se las dividió en cuatro grupos: el primer grupo realizaba entrenamiento de fuerza; el segundo, ejercicios de salto y estabilidad; el tercer grupo, un entrenamiento combinado de fuerza y ejercicios de salto y estabilidad; y el cuarto se usó de grupo de control y no aplicó ningún tipo de estrategia de entrenamiento.

Tras estas intervenciones, se realizó un seguimiento a lo largo de los cinco años siguientes para valorar su evolución. El grupo de control mostró el mayor porcentaje de caídas lesivas (49 %), mientras que el grupo de entrenamiento combinado presentó el menor (30 %).

La mayor incidencia de fracturas también se produjo en el grupo de control, y la más baja en el grupo de entrenamiento combinado, con un 74 % menos de fracturas (Karinkanta y cols., 2015).

Estos datos muestran claramente la idoneidad de poner en marcha un protocolo de entrenamiento de fuerza, impacto y estabilidad en el trabajo «anticaídas» en mujeres mayores.

Pautas de ejercicio para personas con osteoporosis

1. Comienza a entrenar con un profesional del Ejercicio Físico competente y actualizado que atienda a las necesidades específicas de una persona con osteoporosis y que pueda dosificarte debidamente el entrenamiento progresivo para la mejora de tu salud ósea.

2. Las investigaciones demuestran que el entrenamiento que mejora la estabilidad nos ayuda significativamente en la prevención de accidentes y caídas. Y algunas caídas pueden generar fracturas óseas. Incluir ejercicios de mejora de la estabilidad estática y dinámica nos va a permitir mejorar este parámetro y prevenir situaciones que nos puedan reportar discapacidades al afrontar nuestro día a día.

3. Trabaja la fuerza con cargas que te permitan realizar de 8 a 12 repeticiones con esfuerzo, pero siempre bajo un buen control técnico. Las tracciones musculares son fundamentales para gozar de una estructura ósea de calidad y con garantías. Trabajar junto a un entrenador cualificado te permitirá ajustar tus cargas de forma que te supongan un estímulo óseo sin generarte ningún tipo de lesión.

4. Protege tu columna vertebral. El entrenamiento de fuerza de la musculatura de la zona media de tu cuerpo será clave en la protección de tu raquis: tanto por medio de ejercicios específicos para ello, como en los que se hace especial énfasis en la guía de ejercicios que puedes encontrar al final del libro; así como integrando ejercicios de otros grupos musculares que ayuden a una buena estabilización del tronco. Situar carga sobre los hombros también producirá una presión vertebral que favorezca la mejora de la densidad mineral de nuestras vértebras.

5. No olvides la trascendencia que el entrenamiento de la potencia muscular tendrá en la prevención de caídas y accidentes domésticos.

DIABETES

La diabetes se puede definir como un desorden metabólico caracterizado por altos niveles de azúcar (glucosa) en sangre. Esto ocurre cuando tu cuerpo no produce la suficiente insulina (diabetes tipo 1) o cuando las células beta pancreáticas de tu cuerpo disminuyen su capacidad funcional (diabetes tipo 2). La insulina es una hormona que actúa como transportadora de glucosa desde el torrente sanguíneo hasta el interior de las células, donde es convertida en energía útil. Si no hay suficiente cantidad de insulina o si tus células no responden suficientemente bien a la insulina, se acumula demasiado azúcar en tu sangre, siendo perjudicial este contexto metabólico para todos los tejidos de tu organismo.

Cientos de millones de personas en todo el mundo tienen diabetes (la gran mayoría, diabetes tipo 2) y la mitad de ellas son mayores de 65 años. El entrenamiento de fuerza reduce el riesgo de desarrollar diabetes tipo 2 y, en las personas que ya la padecen, de complicaciones relacionadas con el control de los niveles de glucosa circulantes en sangre.

El tejido muscular esquelético es un auténtico reservorio de glucosa y un excelente regulador de los niveles de azúcar en sangre siempre y cuando lo mantengamos sano y activo. Hasta tal punto es así que los investigadores han descubierto que una única sesión de entrenamiento de fuerza incrementa la velocidad de acceso de la glucosa al interior del músculo, manteniéndose este efecto a lo largo de entre dos y cuatro días tras la sesión de entrenamiento.

Cuando el objetivo es la **prevención de la diabetes**, el entrenamiento regular nos ayuda a no desarrollar una situación metabólica que subyace en la inmensa mayoría de personas que padecen diabetes: la resistencia a la insulina. El tejido muscular en suficiente cantidad y calidad nos ayuda a tener controlado nuestro porcentaje de grasa, factor que, cuando se incrementa, nos lleva de la mano a desarrollar la temida resistencia a la insulina.

El porcentaje graso que hay que tener más controlado por su impacto directo sobre el desarrollo de la resistencia a la insulina y el incremento de los factores de riesgo cardiovascular es el que se acumula en la zona visceral y abdominal, rodeando a nuestros órganos vitales y dificultando su correcto funcionamiento. El entrenamiento de fuerza ha mostrado ser plenamente eficaz en el control de los niveles de grasa visceral y abdominal.

Cuando la diabetes ya está instaurada, el entrenamiento de fuerza te puede ayudar a controlarla. Varios estudios clínicos han evaluado el entrenamiento de fuerza y resistencia en pacientes con diabetes tipo 2 y los resultados son bastante coincidentes en cuanto a los beneficios que producen. El entrenamiento de fuerza reduce la hemoglobina glicosilada en, aproximadamente, un 0,5-1 % de media. Muchos estudios muestran además beneficios adicionales en cuanto a composición corporal (menos grasa, más músculo), colesterol, inflamación y sensibilidad a la insulina.

En un estudio en el que se observaron a 32 000 hombres durante 18 años, los científicos valoraron que el entrenamiento con pesas se asoció a un menor riesgo de padecer diabetes tipo 2, independientemente del ejercicio aeróbico, siendo la combinación de ambos tipos de entrenamiento aún más eficaz (Grnøtved y cols., 2012).

Incluso cuando el organismo de la persona no es capaz de fabricar la cantidad necesaria de insulina —como es el caso de los diabéticos tipo 1— la reducción de los niveles de azúcar en sangre a consecuencia de la práctica de entrenamiento de fuerza puede reducir la cantidad de insulina inyectada que el paciente necesita para mantener controlados sus niveles de azúcar en sangre.

Tener un tejido muscular activo será clave tanto en la prevención como en el tratamiento y la mejora de patologías metabólicas. La buena condición muscular aporta una gran capacidad de almacenamiento y utilización de la glucosa que, de no ser bien gestionada, acabará dañando a nuestro organismo.

Lo que es bueno para el músculo será bueno para el correcto control de la glucosa en sangre y para el funcionamiento de nuestro páncreas en la secreción de la hormona insulina.

Tengamos en cuenta que el músculo esquelético metaboliza hasta el 80 % de los azúcares y el 60 % de las grasas que ingerimos en nuestras dietas actuales, lo que significa que un músculo activo nos protege frente al sobrepeso, la obesidad y cualquier alteración directamente relacionada con un mal funcionamiento de nuestro metabolismo. Si poseemos un tejido muscular activo tendremos mucho ganado a favor de nuestra salud metabólica, mientras que la carencia de la adecuada cantidad y calidad de tejido muscular favorecerá que la acumulación del tejido graso inunde patológicamente al organismo.

El entrenamiento de fuerza es fundamental en la reducción del riesgo de sufrir diabetes. Y si ya la padeces, el entrenamiento de fuerza es clave para su control.

Pautas para las personas con diabetes

1. Habla con tu médico sobre el reajuste de las dosis de insulina que te inyectas antes de comenzar con el entrenamiento de fuerza. El Ejercicio Físico utiliza glucosa, por lo que tanto las dosis como los momentos de inyección de la insulina podrían verse modificados.

2. Ten cerca alguna fuente de carbohidratos simple de asimilación rápida, por si durante la sesión de entrenamiento tu nivel de azúcar en sangre

baja demasiado (hipoglucemia). Algunos síntomas de hipoglucemia pueden ser temblores, escalofríos, mareos o confusión.

3. Lleva siempre contigo tu carné de identidad y ten a mano los números de teléfono de emergencias médicas.

4. Utiliza cargas e intensidades retadoras durante el entrenamiento. La alta intensidad es una gran aliada para combatir la diabetes. Los efectos y las adaptaciones provocados por el entrenamiento a bajas intensidades pueden no tener la misma eficacia.

5. Utiliza pelotas o rulos de corcho para masajear tus pies. Una complicación frecuente en las personas con diabetes es el deterioro de los nervios periféricos, el cual puede disminuir la sensibilidad en los pies y dificultar la estabilidad. El entrenamiento de fuerza puede complementarse con el deslizamiento del pie descalzo sobre un rulo o pelota para incrementar la sensación de la superficie plantar, la estabilidad y la función del pie.

OTRAS CONDICIONES: DOLOR CERVICAL, DOLOR LUMBAR, MEJORA POSTURAL, EJERCICIO FÍSICO EN EL ÁMBITO HOSPITALARIO, DEPRESIÓN, FIBROMIALGIA, ENFERMEDAD DE PARKINSON, LINFEDEMA, ENTRENAMIENTO DE FUERZA ANTES Y DESPUÉS DE UNA INTERVENCIÓN QUIRÚRGICA

Veamos a continuación otras condiciones en las cuales el entrenamiento de fuerza es eficaz, tanto para su prevención como para su reversión.

Dolor cervical crónico

Disminución del tejido muscular, altas exposiciones a actitudes sedentarias, pérdida de control motor y, en general, escaso trabajo de reeducación de los patrones motores básicos se encuentran entre los factores más comunes que causan dolor cervical en un considerable porcentaje de personas mayores.

Muchas de ellas, yo diría que tal vez la mayoría, aprenden a vivir con dolor. Incluso sus umbrales de tolerancia al dolor se llegan a elevar tanto que tienden a normalizar condiciones poco saludables para el devenir de sus vidas. Quede claro antes de continuar que el dolor tiene que ver con el sistema nervioso central, no con los tejidos donde se localiza el dolor. Por lo tanto, más allá de tratar regiones musculares y articulares, también debemos reeducar ciertos patrones cerebrales aprendidos que no nos conviene alargar en el tiempo.

Aproximadamente, dos terceras partes de la población experimentan dolor de cuello en algún momento de sus vidas. De hecho, resulta ser la tercera condición de dolor crónico más común y la cuarta causa principal de discapacidad en el mundo. Hasta el 22 % de los adultos mayores experimentan dolor de cuello, lo que se asocia con una función física y una salud general disminuidas.

En diferentes estudios publicados hasta la fecha en poblaciones mayores aquejadas de dolor crónico cervical, sobre las que se practicaron diferentes protocolos de entrenamiento de fuerza de los músculos flexores cervicales profundos, así como de los músculos flexores y extensores superficiales, se ha podido comprobar un aumento significativo de la fuerza de los mismos. Esto contribuyó a aumentar la estabilidad de las vértebras cervicales y el control motor sobre esta región, disminuyendo la sintomatología del dolor en estas poblaciones.

Por ello, resultaría ideal añadir este tipo de programas de fortalecimiento de la musculatura cervical, junto con el consiguiente programa paralelo de reeducación del dolor, como una estrategia válida para mejorar la sintomatología en personas mayores con dolor crónico de cuello. Sin lugar a dudas, el impacto que esto tendrá a nivel de capacidades y calidad de vida será muy positivo para el presente y el futuro de la persona.

Dolor lumbar

El dolor lumbar es una condición que llega a afectar al 70 %-80 % de la población mundial. El dolor lumbar crónico inespecífico no se asocia con ninguna enfermedad y representa aproximadamente del 80 % al 90 % de todos los casos de lumbalgia. Esta afección se ve incrementada en personas mayores de 60 años y supone para ellas un gran lastre funcional que les limita tanto la realización de actividades de su vida diaria como la práctica de ejercicio.

En numerosos estudios realizados en poblaciones mayores con dolor lumbar de distinta naturaleza, se comprueba la utilidad de los programas de entrenamiento adaptado que incluyan ejercicios de mejora de la estabilidad lumbopélvica. Una mayor activación del músculo transverso abdominal (un músculo abdominal profundo), junto con la activación de los músculos anterolaterales del abdomen, permitieron a las personas participantes en dichos estudios disminuir su dolor, reactivar sus actividades cotidianas y, en definitiva, disfrutar de un gran impacto positivo en su calidad de vida.

Los procesos educativos y reeducativos de activación muscular de la zona central del cuerpo en personas mayores son un gran aliado en el combate contra el dolor lumbar.

El dolor lumbar se debe abordar desde el conocimiento y el análisis de sus causas. La falta de control motor, de fuerza y de masa muscular tiende a estar tras la mayor parte de las dolencias que se generan en esta región. El entrenamiento de la musculatura central del tronco es básico en la prevención y el tratamiento de estos problemas tan habituales entre las personas mayores.

Mejora postural

Con el paso de los años, la higiene postural en las personas mayores tiende a verse impactada negativamente. La posición de la cabeza con respecto a la línea de hombros tiende a adelantarse, al igual que los propios hombros, lo que junto a la pérdida de movilidad en la columna vertebral tiende a dar como resultado el denominado «síndrome cruzado superior» o «actitud hipercifótica».

Cabe destacar que desde la base de apoyo se suceden modificaciones que, de una forma u otra, alterarán todo el resto de eslabones que componen la globalidad del sistema. En busca de mayor seguridad, el cerebro pone en liza todo tipo de estrategias para generar una mayor base de sustentación. Por ello, la posición de los pies tiende a hacerse más abierta y estos se posicionan rotados hacia afuera.

Para nuestro cerebro, la búsqueda de un fin (la seguridad y la prevención de sucesos que puedan comportar un agravio al sistema) siempre justificará sus medios (ajustes posturales que, aunque no demasiado ortodoxos, sean eficaces al menos temporalmente).

¿Cómo podemos revertir el síndrome cruzado superior y la actitud hipercifótica?

Mediante ejercicios que logren mejorar la activación de ciertos músculos que tienden a inhibirse, como las porciones medias e inferiores del músculo trapecio, los músculos flexores profundos del cuello, los músculos extensores de la cabeza o el músculo serrato anterior, entre otros. Reconectar estos músculos provocará a su vez una liberación de otros músculos que, a causa del déficit de fuerza de los anteriormente nombrados, tienden a activarse en demasía, como le ocurre, por ejemplo, a la porción superior del músculo trapecio.

Junto a esta ganancia de fuerza y mejor activación de los músculos inhibidos, se incrementará el control motor sobre los miembros superiores y se recuperarán progresivamente rangos de movilidad perdidos por el desuso durante años de las estructuras articulares sobre las que se ha trabajado.

Recuerda siempre que el Ejercicio Físico adecuado, en la dosis adecuada, tiene efectos positivos sobre la actividad muscular y sobre la alineación de la cabeza y hombros, con el consiguiente impacto sobre la higiene postural. La calidad de vida de la persona se verá, por tanto, aumentada, siendo menos probables episodios de dolor, lesiones o efectos adversos.

Ejercicio Físico en el ámbito hospitalario

En los adultos mayores, la probabilidad de tener que ingresar en el hospital por múltiples causas es mayor que la del resto de la población. Tengamos muy en cuenta que el hospital se puede convertir en un entorno hostil, donde se encama durante días o semanas a la persona mayor, lo que siempre va a conllevar una pérdida de tejido muscular y de capacidad funcional.

Al ingresar en un hospital, la persona mayor ya suele presentar unos bajos niveles de masa muscular y de fuerza (por ello es por lo que indirectamente ha acabado en un hospital) y si a esto se le suman los días que pasa tumbada en una cama, con una pobre alimentación y con el estrés que le reporta estar en un hospital, se puede concluir que la disminución de la capacidad funcional de la persona es extraordinaria.

¿Y qué sucede cuando le dan el alta hospitalaria y llega a casa con niveles de fuerza y función tan disminuidos? Las estadísticas dicen que a los pocos días o a las pocas semanas la persona tiene que ingresar de nuevo en el hospital, además con peor pronóstico que el que presentaba cuando ingresó la primera vez.

Conscientes de este contexto, no han sido pocos los estudios publicados hasta la fecha en los que se analiza y concluye que, a través de un protocolo de Ejercicio Físico intrahospitalario supervisado y dosificado por profesionales competentes, la persona mayor de hasta 102 años logra en pocas semanas recuperar suficientes niveles de función que le permiten recibir el alta médica y poder marcharse a casa con garantías sólidas de no tener que estar de vuelta al cabo de poco tiempo.

Gracias a las cada vez más numerosas y emergentes «unidades de fuerza» que se están instalando en los hospitales, las personas mayores consiguen abandonar el hospital con unos niveles de funcionalidad y fuerza aceptables. Sin lugar a dudas, una medida loable que es eficaz para todos.

Una vez más podemos poner en evidencia el extraordinario ratio inversión-beneficio que supone la puesta en práctica de un programa de Ejercicio Físico adaptado al contexto de la persona, sea cual sea y donde sea.

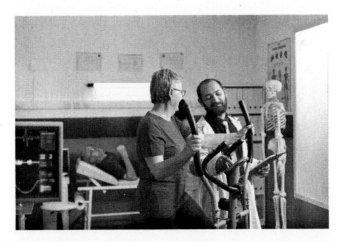

Gracias a las unidades de fuerza que se están habilitando progresivamente en nuestros hospitales, las personas mayores tienen mayores garantías de salud y supervivencia cuando se marchan a casa tras haber pasado por un periodo de hospitalización. Unos niveles de fuerza mínimos son básicos para un buen pronóstico médico y la mejor calidad de vida posible.

Depresión

Una serie de estudios sugiere que el Ejercicio Físico practicado de forma regular podría ayudar a combatir la depresión leve y moderada en algunas personas. Existe también evidencia científica que señala que las personas físicamente activas son menos propensas a sufrir de depresión que las personas sedentarias.

Mientras que los primeros estudios se centraron fundamentalmente en el ejercicio aeróbico, cada vez hay más investigaciones con resultados favorables para el entrenamiento de fuerza. Por ejemplo, cabe destacar una reciente revisión de docenas de estudios con miles de participantes en la que se valora cómo el entrenamiento de fuerza ayuda a las personas a mejorar los síntomas de la depresión. Y es que a través del entrenamiento de fuerza no solo te puedes volver más fuerte físicamente, sino que también lo harás mentalmente. El entrenamiento de fuerza empodera, te ayuda a enfrentar el miedo al fracaso y mejora la dependencia hacia los demás, entre otros aspectos relacionados con la psicología de la persona.

Tanto el entrenamiento de fuerza como el aeróbico han demostrado ser herramientas eficaces en el desenlace de una situación de depresión. Esto es muy interesante tenerlo en cuenta en personas mayores que se enfrentan a la soledad o a situaciones de duelo complicadas.

Restaurar habilidades o capacidades olvidadas es importante para aumentar la confianza en uno mismo y salir de un estado depresivo. Ahí es donde el entrenamiento de fuerza también puede aportar su granito de arena. Por otra parte, las oportunidades para socializar que ofrece el entrenamiento de fuerza son también un impulso efectivo contra este tipo de sintomatología.

El entrenamiento de fuerza se ha mostrado como un fiel aliado en el campo de batalla de las enfermedades mentales. Lo que es bueno para el cuerpo y la salud física, es bueno para el cerebro y la salud mental.

Un estudio realizado en una población de 60 personas mayores con depresión demostró que el entrenamiento de fuerza de alta intensidad era más efectivo en la reducción de la sintomatología asociada a la depresión que el entrenamiento de fuerza de baja intensidad (Sinh y cols., 2005). Así que ponte en marcha y rétate.

Fibromialgia

Esta condición está caracterizada por fatiga y dolor musculoesquelético, también en zonas localizadas conocidas como «puntos gatillo». Fatiga, depresión, problemas de sueño, ansiedad y problemas de memoria pueden ser otros síntomas.

Aunque de momento no existe cura para la fibromialgia, sí hay opciones para el tratamiento de sus síntomas; y el entrenamiento de fuerza es una de ellas. En 2018, una revisión de 22 estudios concluyó que tan solo con dos sesiones de entrenamiento de fuerza semanales se podría reducir el número de puntos gatillo y el dolor general (Andrade y cols., 2018).

Por ejemplo, en un estudio de 16 semanas incluido en la revisión, el uso de medicamentos para el dolor se redujo en el grupo que realizó entrenamiento de fuerza comparado con el grupo control. La revisión también concluyó que el entrenamiento de fuerza disminuyó la depresión y la ansiedad y mejoró el descanso y la calidad de vida de las personas participantes en los diferentes estudios realizados.

Enfermedad de Parkinson

Investigaciones preliminares realizadas sobre esta enfermedad señalan que el entrenamiento de fuerza puede tener un papel trascendente en el control de los efectos adversos debilitantes que provoca esta enfermedad. Por ejemplo, un pequeño estudio realizado con personas afectadas de Parkinson comprobó que, con respecto al grupo de control que realizaba otros tipos de ejercicio, los participantes que practicaron entrenamiento de fuerza y alta intensidad mejoraron la fuerza de sus músculos y su velocidad de marcha, reportando además mejores resultados en un cuestionario que cumplimentaron sobre su calidad de vida (Dibble y cols., 2009).

Linfedema

El entrenamiento de fuerza es una herramienta eficaz para ofrecer un cierto alivio a las mujeres que sufren inflamación del brazo tras someterse a una intervención quirúrgica de cáncer. En un estudio publicado en la prestigiosa revista científica británica *New England Journal of Medicine* se examinó a 141 mujeres que habían sufrido una operación de cáncer de mama y que tenían linfedema. Aquellas que realizaron dos sesiones de entrenamiento de fuerza semanales durante 13 semanas presentaron mejoras significativas en la fuerza de la musculatura superior del tronco y en la reducción de los síntomas. Además, era más improbable que desarrollaran hinchazón del brazo en comparación con el grupo que no practicó el entrenamiento de fuerza (Schmitz y cols., 2009).

Cada vez tenemos una mayor evidencia clínica de que el entrenamiento de fuerza reporta mayores beneficios en personas que han sufrido una intervención quirúrgica de cáncer de mama con linfedema, cuestionando el punto de vista ampliamente sostenido de que debe evitarse estresar el brazo por temor a que la tensión muscular pueda empeorar su hinchazón.

Entrenamiento de fuerza antes y después de una intervención quirúrgica

Entrar al quirófano lo más fuerte posible y con la mejor condición física que puedas va a conllevar que, tras la intervención, tu proceso de recuperación sea más rápido. Es tu mejor garantía. El entrenamiento de fuerza, tanto previo como posterior a cualquier tipo de intervención quirúrgica, va a ser muy positivo para tu calidad de vida.

Entrar fuerte al quirófano ayudará a la persona durante la intervención y en el posoperatorio, reduciendo los tiempos de recuperación e incrementando la eficacia de las intervenciones practicadas por el personal médico.

6

Aspectos importantes a tener en consideración en el entrenamiento de la persona mayor

¡El mejor ejercicio es el que se hace! Esta es sin lugar a dudas la máxima que debería acompañarnos en todos los planteamientos relativos a la programación del Ejercicio Físico, el entrenamiento de fuerza y de potencia muscular y el entrenamiento interválico de alta intensidad en personas mayores.

Por este motivo, ofrecemos al final del libro una propuesta de ejercicios de fuerza y de potencia muscular pensados para hacerlos en casa sin necesidad de material, o con un uso mínimo del mismo, y sin que se pueda recurrir a las típicas excusas que a veces nos inundan e impiden su realización. El tiempo útil de vida y las oportunidades para entrenar bien no tienen excusas, así que no debemos seguir desaprovechándolas y con ello alejarnos cada día un poquito más de las molestias y la enfermedad.

Tendremos que ser capaces de modificar nuestros entornos para que faciliten y favorezcan la práctica de actividad física y del Ejercicio Físico adecuado que nos permita transitar por territorios de salud y esquivar los territorios oscuros y sombríos de la enfermedad.

Espero y deseo poder contribuir con esta propuesta a que toda la población adulta mayor pueda practicar el entrenamiento de fuerza y potencia muscular que le permita ser funcional en las actividades de su vida diaria y la aleje de todo tipo de problemas orgánicos vinculados al desequilibrio favorecedor del tejido graso con respecto al muscular. Este es el camino.

ENTRENAMIENTO DE FUERZA ORIENTADO A LAS NECESIDADES DE LA VIDA DIARIA

El entrenamiento de fuerza, junto al entrenamiento interválico de alta intensidad (conocido con las siglas inglesas HIIT), son los dos pilares que nunca tienen que faltar en el abordaje del entrenamiento de la persona adulta mayor.

Dentro del entrenamiento de fuerza, siempre intentaremos desarrollar tareas motrices enfocadas en una transferencia positiva de la acción que se proponga en el entrenamiento a las actividades de su vida diaria.

Miembros inferiores

Así, por ejemplo, tendremos que dar mucho énfasis al entrenamiento de fuerza/potencia de los miembros inferiores, que son los que en el día a día nos permiten desplazarnos, levantarnos y sentarnos, subir y bajar escaleras, mantener el equilibrio o prevenir caídas y accidentes que puedan tener consecuencias fatales.

El entrenamiento de los miembros inferiores (musculatura de piernas y glúteos) será crucial para el mantenimiento de la completa funcionalidad de la persona en el desempeño de sus actividades físicas diarias. Por esto mismo, en la última parte de este libro podréis encontrar una guía de ejercicios en los que se hace mucho hincapié en la fuerza de los miembros inferiores del cuerpo. Por esta transferencia mecánica a las actividades diarias de la persona, tanto a nivel hormonal (generan una mayor respuesta y una mayor síntesis de hormonas anabólicas) como a nivel metabólico (contribuyen a prevenir y mejorar situaciones metabólicas de resistencia a la insulina en mayor medida con respecto a la estimulación de otros grupos musculares), el entrenamiento de fuerza y potencia muscular de la parte inferior del cuerpo de las personas mayores debe estar presente en sus programas de entrenamiento semanales.

Sentadillas y sus adaptaciones y variedades, zancadas y sus adaptaciones y variedades, pesos muertos y sus adaptaciones y variedades y puentes de glúteos y sus adaptaciones y variedades deberán ser habituales en la selección de ejercicios en personas adultas mayores.

De hecho, las lesiones de las articulaciones de los miembros inferiores son de las más extendidas y a su vez más limitantes entre las personas mayores. Caderas, rodillas, tobillos y pies tienden a presentar una serie de alteraciones estructurales (roturas, esguinces, sinartrosis...) que, con más frecuencia de la esperada, condenan a las personas que componen este grupo de edad a pasar sus últimos años de vida apoltronados en una cama o, en el mejor de los casos, en una silla.

La inmovilización es un factor de riesgo brutal en personas mayores que los conduce a la pérdida de funcionalidad, a la dependencia y a la pérdida de autonomía para valerse por sí mismas en su día a día y, por tanto, a una degradación de la calidad de vida.

Con un entrenamiento de fuerza y potencia muscular que estimule especialmente los grupos musculares de los miembros inferiores conseguiremos que las articulaciones más tendentes a lesiones y fracturas a edades avanzadas se vuelvan más estables, minimizando así el riesgo de sufrir las consecuencias traumáticas que antes comentamos.

Zona media

Junto al entrenamiento de fuerza y de potencia de los músculos de los miembros inferiores, la siguiente parte del cuerpo a abordar es la conocida como «zona media». Esta región se encuentra compuesta por la musculatura central del cuerpo (tanto la anterior, como posterior y laterales), así como por músculos profundos y superficiales. Nos estamos refiriendo a los músculos abdominales, músculo transverso, músculos oblicuos (internos y externos), suelo pélvico, periné, glúteos, diafragma, cuadrado lumbar y erectores espinales, multífidos y paravertebrales, entre otros.

Pues bien, en todas las personas esta región muscular cumple con funciones tanto de estabilidad articular (de vértebras, caderas, rodillas...) como de transferencia y transmisión de fuerzas, desempeñando un papel fundamental en la prevención de lesiones. Si en un adulto joven o de media edad el buen entrenamiento de esta región corporal es importante, en un adulto mayor puede calificarse de vital.

Que la persona mayor disponga de una zona media bien entrenada y que, además, sea capaz de integrar patrones motores básicos (sentadilla bilateral y unilateral, bisagra de cadera o peso muerto bilateral y unilateral, empujes y tracciones, fundamentalmente) con la eficiencia mecánica que el óptimo desempeño de sus acciones básicas del día a día le van a requerir es, sin lugar a dudas, un área primordial a abordar en un buen entrenamiento de la persona adulta mayor.

La salud y óptima estabilidad articular de la persona dependerá en gran medida de la funcionalidad y competencia de su zona media. Prevenir caídas y anticipar acciones que acarrearían daños importantes en el adulto mayor también conlleva prestar la atención necesaria a esta región funcional del cuerpo.

¿Y cómo lo hacemos? Debemos tener en cuenta que, como área funcional transmisora y estabilizadora, la zona media se verá involucrada en todas las acciones que la persona mayor realice durante sus sesiones de entrenamiento, en especial en aquellas que impliquen acciones monopodales (con un solo pie apoyado en el suelo o con una colocación asimétrica de los dos pies en el suelo) o unilaterales (con un solo miembro superior: mano o brazo). También estará fuertemente implicada la zona media en tareas motrices que impliquen frenar el movimiento de extensión de tronco, de rotación de tronco y de lateralización de tronco.

Otro factor importante para entrenar bien la zona media es retar en todo momento los tres planos del movimiento: sagital, lateral y transversal. Los ejercicios de antiextensión de tronco, de antirrotación de tronco y de antilateralización de tronco, integrados en patrones de movimiento en los que se puedan llegar a desarrollar las diferentes actividades físicas a las que la persona mayor pueda verse expuesta en su cotidianidad, son fantásticos medios de cuidar su salud.

El trabajo de la musculatura superficial y profunda de la zona media también reportará numerosos beneficios a nivel postural y, por tanto, en el terreno psicológico de la persona, ya que la postura está vinculada al empoderamiento, la autoestima y la autoconfianza. Por tanto, todo programa de Ejercicio Físico, bien orientado y dosificado, contribuirá también al desarrollo de las capacidades psicológicas y mentales de la persona adulta mayor.

Tengamos en cuenta que la práctica de Ejercicio Físico y de actividad física lleva de la mano una liberación múltiple de endorfinas, unas sustancias asociadas a un buen estado de ánimo y a la reducción del estrés y la ansiedad. Además, el movimiento en general genera una mayor oxigenación de los diferentes tejidos del organismo, con lo que también se consiguen efectos interesantes, como la reducción del dolor o la disminución de la rigidez.

¡El cerebro necesita altas dosis de movimiento, además del Ejercicio Físico adecuado que estimule sus unidades motoras rápidas! Así, y solo así, estaremos obrando en pro de mantener una salud cerebral óptima, con probabilidades lo más bajas posible de sufrir degeneración y alteraciones que, sin lugar a dudas, provocarían un descenso en picado de nuestra calidad de vida.

Reducción de la lipotoxicidad

El entrenamiento de fuerza y potencia muscular de los miembros inferiores, además de permitir una mayor funcionalidad mecánica y hormonal y prevenir caídas y accidentes, también reporta beneficios en cuanto a la reducción de la lipotoxicidad.

El ambiente lipotóxico genera un ecosistema orgánico disfuncional, con un exceso de acidificación y proinflamatorio. La lipotoxicidad se produce cuando el tejido graso se vuelve tan preponderante y con niveles de saturación tan altos que le convierten en invasor del músculo. Cuando se comienza a depositar tejido graso dentro del músculo (grasa intermuscular), el tejido muscular esquelético comienza a perder su potencial de acción saludable y, por tanto, su producción de mioquinas favorables para la salud cae en picado.

Evitar o paliar este fenómeno resulta crucial. Para ello tendremos que manejar las variables adecuadas de Ejercicio Físico para revertir la situación y permitir que nuestro tejido muscular regrese a la buena vida dotándole de la calidad suficiente. Cuando la grasa gana la partida al músculo, las complicaciones a distintos niveles no son pocas. Hay que prevenir llegar a estos escenarios, en los que la pérdida de tejido graso se vuelve muy complicada, pues no pierde grasa quien quiere, sino quien biológicamente puede.

Sin mitocondrias suficientes, oxidar el tejido adiposo se torna en una tarea difícil, pues el sistema se satura y se colapsa de inmediato, lo que impedirá la utilización del excedente de tejido graso. Por ello, deberemos ser capaces de generar los medios necesarios para que se produzca el proceso de biogénesis mitocondrial y, con ello, recuperar el funcionamiento óptimo del tejido muscular y de cada una de las estructuras que componen sus células. Solo así lograremos salir de esta situación patológica de enfermedad sistémica.

RELACIÓN ENTRE LAS ALTERACIONES METABÓLICAS Y LA SALUD CEREBRAL

Las alteraciones en el cerebro suelen venir precedidas por disfunciones en el metabolismo. Demos al metabolismo lo que necesita y estaremos previniendo eficazmente la degeneración prematura del cerebro.

Tengamos en cuenta que el primer sistema nervioso que se forma en el desarrollo fetal no es el sistema nervioso central (el cerebro), sino el sistema nervioso entérico (el sistema digestivo). Así pues, tener un ecosistema saludable y favorecedor, sin inflamación crónica de bajo grado, es vital para que nuestro cerebro no esté también inflamado.

Cuando se inflama el sistema digestivo también lo hace el cerebro, que pone el «modo alerta» y permanece inflamado todo el tiempo que dure el ambiente desfavorecedor que se ha instaurado en el estómago. Una inflamación continua no trae consigo nada positivo para cualquiera de las áreas del organismo.

Una inflamación continua en el tiempo trastoca todo el sistema, generando incapacidad de desarrollar una buena calidad de pensamientos, lo que a su vez depara una mala calidad de las decisiones que tomamos. Decidirse por un estilo de vida saludable, con una serie de buenos hábitos a los que demos continuidad en el tiempo, dependerá en gran medida de la calidad de nuestros pensamientos y, a su vez, del grado de inflamación del organismo en general y del sistema digestivo, y del cerebro en particular. Evitar las hiperglucemias será clave para nuestra salud cerebral y es ahí donde nuestro gran amigo, el tejido muscular esquelético, tendrá mucho que decir (si lo cuidamos como merece, claro está).

El entrenamiento de fuerza como medio para conseguir un sistema orgánico en el que el tejido muscular gane la partida al tejido graso nos asegura un control mayor del grado de inflamación de nuestro organismo. El músculo, cuando es debidamente estimulado (fibras tipo IIA, especialmente), permite crear un entorno interno antiinflamatorio y previene contra la inflamación crónica de bajo grado.

La relación que se establece entre nuestro tejido muscular esquelético y la microbiota intestinal (los grupos de bacterias que habitan en nuestros intestinos) es directa. Así pues, si uno está bien, el otro también y viceversa. El tejido muscular afecta a la microbiota y esta afecta al tejido muscular. Un estado sarcopénico (es decir, de déficit de cantidad y calidad muscular) genera disbiosis (alteración de los grupos bacterianos presentes en nuestro intestino); y la disbiosis perjudica nuestra salud muscular.

Nos conviene, por consiguiente, que el triángulo compuesto por sistema nervioso central (cerebro), tejido muscular esquelético y microbiota intestinal esté siempre en las mejores condiciones de salud posible. Lo que afecta y perjudica a una de las partes, tendrá el potencial de afectar a las otras dos. Si somos conscientes de ello, podremos actuar de la forma más responsable y eficaz para invertir la situación.

Un último aspecto a destacar en este punto hace referencia a la relación estrecha que guarda una alteración de la microbiota intestinal (y la dependencia que tiene el tejido muscular de ello) con el deterioro de nuestro sistema inmune. Nuestro cerebro y nuestro tubo digestivo están en constante comunicación. Una alteración a nivel digestivo desencadenará una señal de alarma en nuestro cerebro que a su vez generará una respuesta del sistema inmune. Si se debilita uno, se debilita el otro; si mejora uno, mejorará el otro.

LA IMPORTANCIA DEL APORTE DE PROTEÍNAS

Si al Ejercicio Físico adecuado y debidamente adaptado se le añade una dieta alta en proteínas (tanto a base de alimentos como de suplementación proteica, también debidamente supervisada por profesionales competentes y actualizados) y creatina, la persona adulta mayor estará transitando por el territorio de la fuerza y de la salud.

Esta combinación le ayuda a alejarse de la sarcopenia a la que tiende. Cuando al cuerpo le entregamos Ejercicio Físico (el entrenamiento de fuerza y de alta intensidad adaptado), le estamos proporcionando un albañil. Un albañil que necesitará ladrillos para construir músculo y participar de forma activa en la denominada síntesis proteica. Los ladrillos vendrán representados, precisamente, por la ingesta necesaria de proteínas (que si, además, viene acompañada de creatina, mejor que mejor).

¿Solo con el Ejercicio Físico adecuado estaríamos bien? Sí, pero no del todo. Luego, hay que añadir a lo largo del día las proteínas que garanticen, tanto en cantidad como en calidad, un balance diario proteico positivo (es decir, que entren más proteínas de las que salgan y no al contrario, como suele pasar durante mucho tiempo con las personas que terminan con sarcopenia).

Pero, ¿por qué necesito suplementación proteica? Pues por varias razones.

Por un lado, porque conforme nos vamos haciendo mayores nuestro umbral de saciedad va experimentando una bajada progresiva. Es decir, quedamos saciados antes, lo que implica que ingerimos menos cantidad de nutrientes en general y de proteínas en particular. El suplemento alimenticio, al ser generalmente líquido, nos permite incorporar mayor cantidad de nutrientes sin llegar a nuestro tope de umbral de saciedad.

Por otra parte, otro motivo que justificaría la necesidad de suplementarse cuando somos mayores es que nuestras piezas dentales útiles cada vez se van deteriorando más y nuestro sistema masticatorio es cada vez más deficiente. Ello implica una peor digestión, puesto que esta comienza en la propia boca con el proceso masticatorio. Cuanto menos logramos deshacer los alimentos, mayor dificultad tenemos para digerir y asimilar todos los componentes. El suplemento proteico, bien disuelto en agua o en leche o zumo, jugo... no requerirá acción masticatoria alguna y permitirá una más fácil asimilación de las proteínas asociadas.

Un tercer y último motivo no es otro que el referente a la cantidad y a la calidad necesaria de las proteínas que llegamos a incorporar directamente a través de los alimentos de la dieta. Es muy complicado que una persona mayor llegue a consumir la cantidad de alimentos que hacen falta para llegar a su mínimo proteico necesario. Con respecto a la calidad de las proteínas, además, hay que señalar que es muy costoso para la persona adulta mayor, que generalmente vive con una pensión mediocre, comprar todos los alimentos que le aporten esa cantidad y calidad de proteínas requerida.

Dicho en otras palabras, una persona mayor con un umbral de saciedad cada vez menor, con problemas masticatorios y digestivos asociados y con, generalmente, recursos económicos limitados, es muy poco probable que ingiera las cantidades de carne, pescado, huevos, legumbres y lácteos necesarias para alcanzar el mínimo diario proteico necesario (por encima de los 1,6 gramos por kilogramo de peso por día). Es importante tener en cuenta que cada día el contador de proteínas empieza a 0. Es decir, que cada día cuenta como unidad importante para tratar de dar alcance a esas cantidades recomendadas para prevenir la degradación proteica muscular y sus repercusiones funcionales negativas.

Un último detalle importante en el que me gustaría detenerme es en el tiempo necesario de absorción entre una proteína derivada de un suplemento proteico de calidad y una proteína asociada a un alimento (carne, pescado, huevos, legumbres o lácteos). Pues bien, de media, la proteína asociada a cualquier grupo de alimentos, como los anteriormente citados, tarda una media de 20 horas en llegar a su destino.

Por su parte, la proteína asociada al suplemento proteico de calidad, como podría ser un aislado de proteína de suero, tarda en llegar a destino una media de ¡20 minutos! Este detalle es muy interesante contemplarlo en ingestas proteicas posentrenamiento, momento en el cual se abre la conocida «ventana de la oportunidad», que no es más que un espacio de tiempo de unos 45 minutos tras la finalización de la sesión de entrenamiento durante el cual la absorción y asimilación de las proteínas ingeridas será mucho mayor. ¡Aprovechemos este momento óptimo tras el Ejercicio Físico para incorporar toda la cantidad de proteína que podamos (al menos 30 gramos) a través de un suplemento de calidad!

Es muy poco probable que, a cierta edad, se ingieran las cantidades de carne, pescado, huevos, legumbres y lácteos suficientes para alcanzar el mínimo diario proteico necesario.

¿Pero no dañará el suplemento a mis riñones? No. De hecho, será precisamente la carencia de la cantidad y calidad muscular necesarias la que generará el llamado hiperfiltrado glomerular, el cual puede convertirse en un daño renal importante. Desmitifiquemos comportamientos y dogmas a veces tan arraigados en la mayoría de la sociedad y comencemos de una vez a asentar unos comportamientos en función de los conocimientos biológicos, fisiológicos y bioquímicos orgánicos contrastados, que son los que deben regir nuestros modos de proceder. Ni opiniones de expertos ni tendencias que, sacadas de contexto, pueden llegar a ser potencialmente peligrosas y nocivas para la salud.

¿Y eso de la creatina? La creatina es, hoy en día, uno de los dos suplementos más estudiados (junto con la proteína de aislado de suero), con mayor aval científico y con mejor ratio beneficio/riesgo. La creatina está presente en alimentos como carnes y mariscos; sin embargo, solo a través de la ingesta de estos no solemos llegar a las cantidades necesarias para obtener los mejores beneficios. La creatina nos ayudará a mejorar nuestra fuerza y masa muscular y no pocos estudios también certifican su aportación al sistema nervioso central, en la prevención y el combate de trastornos neurodegenerativos como la demencia senil o el Alzheimer, entre otros.

Los suplementos de calidad, tanto de proteínas como de creatina, siempre debidamente prescritos y dosificados por profesionales competentes y actualizados, no deberían faltar en la dieta de las personas adultas mayores, puesto que toda acción que promueva el mantenimiento y el desarrollo de la fuerza y la masa muscular siempre será bienvenida en la población en general y en los adultos mayores en especial.

7

¡Pongámonos en marcha!

No hay un solo camino para comenzar a practicar entrenamiento de fuerza. Por ejemplo, puedes empezar a ejercitarte a través de autocargas (es decir, a través de movilizar tu propio peso corporal), lo puedes hacer ayudándote de bandas de resistencia elásticas, a través de peso libre (barras, discos, pesas rusas y mancuernas) o también a través de máquinas diseñadas específicamente para tal fin.

Puedes empezar a practicar en casa, en un parque, en la zona de barras de tu barrio o en un gimnasio o centro deportivo. Mi consejo es que te rodees de buenos educadores deportivos que, primeramente, te enseñen las técnicas y ejercicios que se adapten a tu contexto específico y luego te dosifiquen y programen el entrenamiento como es debido.

Más allá de cumplir con la premisa básica de que no hay peor ejercicio que aquel que no se hace, el que hagas debe ser el adecuado para ti. No copies y no te dejes llevar por lo que las personas de tu entorno digan que a ellos les va mejor o peor. Tú y tu contexto sois únicos y como tales tenéis que ser considerados también en el ámbito del Ejercicio Físico.

EQUIPAMIENTO BÁSICO

Para empezar, tu entrenamiento de fuerza con autocargas o bandas elásticas de diferentes resistencias ya produce un estímulo suficiente. Pero conforme vayas progresando, mi consejo es que entrenes con un equipamiento deportivo que te permita continuar con tus progresos. Ello te ayudará a cumplir con uno de los principios básicos del entrenamiento: el *principio de sobrecarga progresiva.*

¿Qué significa esto? Que una vez que tu organismo ya se ha adaptado a algo, para seguir mejorándolo necesitamos exponerlo a un estímulo de mayor magnitud con el objetivo de que se adapte a una cota superior y así continuar aumentando la capacidad de tu sistema biológico.

Te pondré un ejemplo: cuando empiezas a entrenar, hacer sentadillas con tu propio peso corporal puede suponer un porcentaje bastante elevado de tu capacidad de aplicación de fuerza. Está claro que en ese momento es un reto. Ahora bien, un mes después, quizá sea conveniente intensificar de alguna manera tus sentadillas. Se puede hacer de muchas formas diferentes, si bien añadir algo de sobrecarga es una de las que nos pueden interesar más por su fácil implementación.

Una vez llegados a este nivel de progreso, lo que te recomendaría es que acudas a una instalación deportiva bien equipada o que tengas en casa tu propio gimnasio. En el caso de que te decidas por esta segunda opción, sería conveniente adquirir mancuernas de diferentes pesos o fabricar tus propias pesas utilizando materiales domésticos corrientes. Es más interesante que apuestes por utilizar pesos libres y poleas como medios de entrenamiento a que lo hagas por máquinas.

Todo debe contextualizarse y adaptarse a cada caso específico, por supuesto. De forma general, podemos decir que el entrenamiento con pesos libres tiene una mayor y mejor transferencia positiva a las acciones físicas de nuestro día a día con respecto a la que nos pueden ofrecer las máquinas. Además, cuando practicas un ejercicio de fuerza con pesos libres, la exigencia a nivel de control motor y neuromuscular será mayor que en el trabajo con máquinas y este aspecto es muy importante para la prevención del deterioro motor y cognitivo, así como para la mejora de la estabilidad de las articulaciones.

PERSONAL ESPECIALIZADO EN SALUD FÍSICA Y MENTAL

Sin lugar a dudas, el aspecto que marcará la diferencia respecto a tu progresión y mejora con el entrenamiento de fuerza y potencia muscular es que te rodees de profesionales especializados en Ejercicio Físico que sean competentes y estén actualizados. Ellos van a educarte y, por lo tanto, a empoderarte en el Ejercicio Físico.

La correcta dosificación de tu entrenamiento es clave para la obtención de los resultados deseados sin que surjan contratiempos inesperados. Ajustar la selección de ejercicios, el volumen, la intensidad, los tiempos de descanso o la densidad del entrenamiento en función de tus circunstancias y de tu contexto específico es una parte esencial de la labor de un profesional del Ejercicio Físico.

Por favor, déjate asesorar, guiar y supervisar por las personas que saben. ¡Comprobarás el progreso en la mejora de tu propia salud!

PRIMERO, SEGURIDAD: PREGUNTAS A TU DOCTOR

Es muy importante que te comuniques con tu médico a la hora de empezar a practicar entrenamiento de fuerza. Él o ella te pueden dar pautas que son necesarias y que tal vez desconozcas.

Es posible que estés tomando algún fármaco que puede interactuar con tu proceso de entrenamiento. Consúltalo con tu médico por si tienes que modificar las dosis o los momentos de toma del medicamento prescrito.

Comenta con el entrenador todas las indicaciones médicas que hayas recibido y hazle siempre partícipe de todos tus condicionantes físicos, de los fármacos que tomas, de tus sensaciones, de tus síntomas, de tus patologías si las tuvieses... La comunicación es clave como elemento preventivo en tu proceso de entrenamiento.

Otra sugerencia de utilidad es que te hagas una analítica completa antes de comenzar tu entrenamiento de fuerza. Por un lado, te permitirá tomar decisiones según datos objetivos y, por otra parte, servirá para que cada cierto tiempo la puedas repetir e ir valorando la variación de tus marcadores analíticos. Además, este puede ser un factor valioso para tu adherencia y motivación hacia el Ejercicio Físico.

PAUTAS PARA LA PREVENCIÓN DE LESIONES

▶ Aunque parezca reiterativo, no hay mejor forma de prevención que asesorarte por un buen profesional que te eduque en el entrenamiento de fuerza y lo adapte a tu situación específica. Ese es el punto de partida de toda actividad: prevención.

▶ Revisa tu condición física y articular inicial. Una buena valoración física es imprescindible para cumplir con este punto. Examinar tus capacidades iniciales y conocer el estado de todos los componentes de tu sistema es una excelente estrategia de prevención. Un buen profesional del Ejercicio Físico se encargará de realizarla.

► Respeta los procesos y valora la necesidad de ser progresivo en tus entrenamientos. A veces, por ir demasiado deprisa, nos saltamos hitos intermedios y nos encontramos con una lesión evitable.

► Ten siempre en cuenta los seis principios básicos del entrenamiento:

1. **Principio de individualidad**. Debe ser único e incomparable.
2. **Principio de compensación**. Recuerda la importancia de los periodos de descanso y restablecimiento.
3. **Principio de sobrecarga progresiva**. Si queremos seguir estimulando al sistema, tenemos que buscar la forma de que este siempre se sienta retado.
4. **Principio de especificidad**. Tienes que entrenar aquello que quieras mejorar. Si quieres mejorar tus bajadas de escaleras, no entrenes los brazos, entrena las piernas.
5. **Principio del síndrome general de adaptación**. Respuesta fisiológica que se produce ante estímulos estresantes y que ayuda al organismo a adaptarse para pelear o huir.
6. **Principio de uso/desuso**. Lo que se utiliza se hipertrofia y lo que no se usa termina por atrofiarse.

DISEÑA TU PROGRAMA DE ENTRENAMIENTO

La persona encargada de diseñar tu programa de entrenamiento no eres tú, sino el profesional del Ejercicio Físico, la persona más competente para tal fin. No imites, no inventes, no copies, no hagas nada sin el asesoramiento de un profesional del Ejercicio Físico.

Si a pesar de mi reiterado consejo decides empezar a practicar entrenamiento de fuerza de forma autónoma, ten en cuenta las siguientes pautas:

► Durante la sesión, sería conveniente establecer tres partes:
1. **Fase de activación**: comenzamos a elevar la frecuencia cardíaca y la temperatura corporal de forma progresiva y también empezamos a poner toda nuestra atención en lo que vamos a hacer a continuación, mentalizándonos para el esfuerzo que se aproxima. Esta fase podría durar de 5 a 10 minutos y en ella, además de ejercicios de moderada intensidad, también podrías incluir trabajo de movilidad articular y de coordinación y estabilidad.

2. Parte principal: donde realizaremos el entrenamiento de fuerza y potencia muscular como tal. Ya has calentado de forma progresiva y estás concentrado. Selecciona de 3 a 6 ejercicios y haz 3 o 4 series de 6 a 12 repeticiones de cada uno de ellos.

Una serie es un bloque de repeticiones entre las cuales es recomendable descansar durante al menos un minuto para mitigar la fatiga acumulada durante la serie anterior y afrontar la siguiente con las máximas garantías de éxito.

El tiempo estimado de esta parte del entrenamiento variará en función de la cantidad de trabajo que tengas que desempeñar, pero de media podrían ser unos 40 minutos.

3. Vuelta a la calma progresiva: ahora queremos descender gradualmente la frecuencia cardíaca y los niveles de activación cerebral, así que selecciona algún ejercicio aeróbico de baja intensidad para desacelerar progresivamente tus ritmos de entrenamiento y para que no te vayas a la ducha demasiado acelerado. Es un buen momento para revisar cuáles han sido tus sensaciones durante la parte principal del entrenamiento y para anotarlas en tu diario de entrenamiento, del cual hablaremos a continuación.

▶ **Prioriza el entrenamiento de fuerza y potencia muscular de los miembros inferiores,** ya que, tanto respecto a la capacidad funcional y la independencia personal como a efectos cardiometabólicos, será el que tenga un mayor impacto en tu organismo y en la mejora de tu salud y condición física.

▶ **Comienza mejorando tus patrones de movimiento básicos y tu control motor**. Hay una serie de movimientos básicos que nos interesa consolidar antes de intensificar el entrenamiento. Las sentadillas, los pesos muertos, los desplazamientos, los transportes, los empujes y las tracciones son básicos en todo programa de entrenamiento de fuerza y de potencia muscular. Os recomiendo encarecidamente que lo hagáis sencillo. Y lo sencillo empieza desde el control y el dominio de los patrones motores principales. Entrena de forma consciente y controlada los movimientos de los que está plagada nuestra vida cotidiana. A partir de ahí, podremos progresar de manera correcta y sencilla.

► Considera la variable «intensidad» como la principal moduladora de las adaptaciones que podemos conseguir por medio del Ejercicio Físico. Los diferentes rangos de intensidad con los que nos podemos ejercitar llevan consigo diferentes tipos de adaptaciones, de beneficios y de desadaptaciones. Ejercitarnos a altas intensidades en concordancia con nuestra capacidad presente genera un torrente de beneficios para la salud, pues pone a funcionar las fibras musculares rápidas (manantiales de mioquinas, pura exposición de la función endocrina que tiene nuestro tejido muscular).

► **Atiende a la mejora de la estabilidad de tu zona media.** En este caso, la función de esta área, compuesta por músculos tanto profundos como superficiales, es transferir la fuerza hacia los miembros inferiores y superiores.

► **Aborda la realización de ejercicios que estimulen grandes masas musculares (piernas, glúteos, hombros y espalda, fundamentalmente)** y deja en segundo plano los grupos de músculos más pequeños (pectorales y brazos).

► **Apúntate a un gimnasio o monta el tuyo propio en casa** con material específico de entrenamiento o reciclando objetos del hogar que te puedan servir para tal fin (botellas, garrafas, sofá, sillas, mesas...).

PREGUNTAS Y RESPUESTAS FRECUENTES

► **¿Cuántas veces a la semana tendría que practicar entrenamiento de fuerza?**
Un mínimo de dos sesiones semanales puede ser suficiente para beneficiarte de los efectos que este tipo de entrenamiento producirá en tu salud.

► **¿Cuántas veces a la semana podría entrenar la potencia muscular?**
De dos a tres sesiones semanales serían suficientes. El entrenamiento de la potencia muscular puede ir incluido en la misma sesión en la que entrenemos la fuerza.

▶ **¿Cuánto tiempo es necesario descansar entre series y ejercicios?**
El tiempo que necesites para enfrentarte a lo siguiente con buenas garantías de rendimiento. Dicho de otra forma, la idea es que un descanso insuficiente entre series o ejercicios no nos impida rendir como queremos en lo que venga después. Déjate llevar por tus sensaciones y pregúntate: ¿estoy ya verdaderamente descansado para hacer lo que toca ahora y sacar el máximo partido de mi rendimiento?

▶ **¿Cuánto tiempo deben descansar mis músculos entre las distintas sesiones de entrenamiento?**
Esto dependerá básicamente de la estructura de tu entrenamiento, del volumen y de la intensidad con la que hayas entrenado y de los medios de recuperación de que dispongas. Pero podríamos decir que en unas 48 horas tus músculos volverán a estar a punto para que los vuelvas a estimular. Por ejemplo, si entrenas las piernas el lunes, déjalas recuperar hasta el miércoles.

▶ **¿Qué son repeticiones y series?**
Una repetición contabiliza cada vez que realizas un ciclo del movimiento. Por ejemplo: en una sentadilla, cada vez que bajes y vuelvas a subir, será una repetición. Una serie es un conjunto de repeticiones. En el entrenamiento de fuerza y de potencia se establecen pequeños grupos de repeticiones para que el rendimiento no decaiga en exceso. Por ejemplo: en lugar de hacer 30 repeticiones de sentadillas seguidas y que en las últimas la intensidad sea muy baja o la técnica se vea empeorada, se establecen tres series de 10 repeticiones con descansos intermedios.

▶ **¿Qué es un diario de entrenamiento y para qué me va a servir?**
Un diario de entrenamiento es una herramienta práctica y sencilla para llevar un control de tus progresos y sensaciones durante tus sesiones de entrenamiento de fuerza y potencia.
Anotarás las cargas que utilizas en los diferentes ejercicios, así como el número de series y repeticiones y tus sensaciones (mejoras con respecto a sesiones anteriores, dificultades, cuestiones, sugerencias...).

▶ **¿Hasta qué punto es importante aprender bien la técnica de ejecución de los ejercicios?**
Aprender a moverte bien precede a moverte a altas intensidades o a progresar desde lo básico. De ahí la importancia de tener un buen instruc-

tor que te enseñe y te eduque en la calidad del movimiento, sobre todo respecto a los patrones motores básicos. Primero muévete bien, luego muévete mucho y a altas intensidades.

► **¿Cuánta carga o resistencia puedo utilizar?**
Aquella que te permita trabajar con un grado de esfuerzo de notable alto (requisito indispensable para generar el estímulo mecánico que se requiere para mejorar la condición muscular) con un buen control del movimiento y del ejercicio que realices.

Una buena medida para saber si lo estás consiguiendo o no es preguntarte a ti mismo al final de cada serie si has realizado las repeticiones marcadas demasiado sobrado o, por el contrario, has llegado muy justo y descontrolado. Esto se conoce como «método de autorregulación». Creo que es el más adecuado para el ajuste de las cargas, ya que cada día nos pueden afectar muchos factores y por esto es necesario ajustar a diario la carga o resistencia óptima con la que vamos a realizar los ejercicios correspondientes.

► **¿Cuánto tardaré en empezar a levantar cargas mayores?**
Todo va a depender del tiempo que necesite tu sistema nervioso para adaptarse a los estímulos que le estamos ofreciendo. Ten en cuenta que las adaptaciones nerviosas preceden a las musculares, por lo que ganarás fuerza con más rapidez que músculo. En pocas sesiones bien programadas y dosificadas notarás que estás más fuerte. Lo percibirás durante tu entrenamiento y, sobre todo, en las mejoras funcionales que ello reportará en tu día a día.

► **¿Cuántas series por ejercicio debo hacer?**
Yo te recomiendo que te muevas entre las tres y las cinco series por ejercicio. Asimismo, me gustaría destacar que antes de las «series efectivas», a las que nos hemos referido anteriormente, es muy aconsejable hacer al menos una «serie de aproximación», que no es más que un tipo de calentamiento específico apropiado de las series que siguen (las series efectivas), donde podremos recordar la técnica de ejecución del ejercicio, así como probar la carga que vamos a utilizar durante el mismo.

► **¿Tengo que estirar?**

Sí, si ya lo tienes incluido en tu rutina de actividad física, te hace sentir bien y te gusta. Si no está incluido en tu rutina, no es necesario estirar ya que no te va a reportar grandes beneficios en tu día a día. Los estiramientos están sobrevalorados. Gana fuerza y verás como no sientes la necesidad de estirar.

► **¿Para qué me van a ayudar los ejercicios de mejora de la estabilidad?**

Para evitar caídas y accidentes domésticos. Fortalecerás los ligamentos y las articulaciones situadas en los miembros inferiores y te vas a sentir más seguro y ágil en el desempeño de tus actividades físicas cotidianas. Ya nos hemos referido anteriormente a lo terrible que puede ser sufrir una caída cuando somos mayores. Por tanto, todos los medios que pongamos para evitarlas serán bienvenidos. Con ese fin, no se me ocurren mejores medios que la mejora de los niveles de fuerza y de potencia muscular y el incremento de la estabilidad articular de los miembros inferiores, fundamentalmente los implicados en la locomoción.

► **¿Cuál es la diferencia entre el entrenamiento de fuerza y el de potencia muscular?**

La diferencia esencial entre ellos se encuentra en la intencionalidad en la fase concéntrica de aplicación de la fuerza. En el entrenamiento de potencia muscular, a diferencia del entrenamiento de fuerza, la velocidad intencional en la fase concéntrica del movimiento siempre será la mayor posible.

Por ejemplo: durante un movimiento de sentadilla, se te pedirá que hagas el movimiento de subida a la mayor velocidad intencional posible. Por otra parte, en el entrenamiento de fuerza, simplemente se te pedirá que movilices la carga que toque en ese momento de acuerdo con la programación de tu entrenamiento.

8

Desmitificando bulos sobre el entrenamiento de fuerza

Una vez desarrollado a fondo a lo largo del libro el papel fundamental del tejido muscular para todo y para todos, vamos a intentar **desmitificar algunos «bulos»** que aún hoy en día se siguen escuchando por la calle o en el metro. Fuera excusas... Los falsos mitos son utilizados como hándicaps, como barreras mentales que después de leer lo que viene a continuación espero que dejen de serlo y se conviertan en argumentos de peso para ser cuidadores naturales de nuestra propia salud.

> **MITO NÚMERO 1: ¡PERO SI YO LO QUE QUIERO ES PERDER GRASA!**

El entrenamiento de fuerza es clave para que se puedan generar todas las adaptaciones necesarias que permitan que tu porcentaje de grasa corporal descienda. Tradicionalmente se ha optado por incluir largas sesiones de ejercicio aeróbico continuado para alcanzar este objetivo. Si bien no debemos ser radicales y crucificar los efectos positivos que este tipo de entrenamiento nos pueda reportar, debemos cambiar el paradigma y focalizar nuestra atención en tratar de mejorar nuestro tejido muscular.

A nivel metabólico, la inclusión de sesiones de fuerza que permitan la activación de los grupos musculares más grandes de nuestro cuerpo (piernas, glúteos, hombros, espalda) junto al entrenamiento interválico de alta intensidad y alguna que otra sesión semanal de carácter aeróbico será la mejor estrategia para la mejora de nuestra composición corporal. ¡No caigamos en el error de olvidarnos de construir músculo para bajar nuestra grasa corporal y optimizar nuestra composición corporal!

MITO NÚMERO 2: NADANDO YA LO EJERCITO TODO

Debemos tener siempre en cuenta un concepto importante que evitará que dejemos de progresar y mejorar. Este concepto es el de «umbral de estímulo». Para actuar sobre él y no estancarnos es importante valorar si lo que hacemos con el paso de los días nos supone un verdadero estímulo, una meta a alcanzar que es posible, pero con un cierto grado de esfuerzo.

Pues bien, el ejercicio físico en el medio acuático nos puede beneficiar en multitud de ocasiones, pero el entrenamiento de fuerza fuera de la piscina («en seco») será vital para complementar lo que puedas hacer dentro del agua. No solo se trata de mover muchos músculos a la vez (argumento que emplean asiduamente los enamorados de la natación), sino de que ese movimiento también sea estimulante para la progresión de nuestro entrenamiento. Conclusión: ¡entrena también fuera del agua!

MITO NÚMERO 3: NO, GRACIAS, YO NO ME QUIERO PONER GRANDE

Este es el eterno temor de aquel o aquella que se inicia en el entrenamiento de fuerza. Tenemos que entender que no es nada fácil, en la inmensa mayoría de los casos, aumentar la masa muscular. Y, una consideración importante: necesitarías de mucho entrenamiento semanal de este tipo y de una dieta extraordinaria para poder ponerte «muy grande». De dos a cuatro sesiones semanales de fuerza (lo recomendable por salud) no van a hacer que te pongas enorme. Al contrario, seguramente incluso podrás disminuir tus perímetros corporales.

MITO NÚMERO 4: ¿EMBARAZADA?

Durante el proceso de gestación, el entrenamiento de fuerza será de gran ayuda tanto para el buen desarrollo fetal así como para el proceso de gestación y la recuperación postparto, siempre que sea correctamente programado y esté supervisado por un profesional competente que adapte correctamente los estímulos en esta etapa del proceso vital de la mujer. Una mujer embarazada puede ¡y debe! hacer entrenamiento de fuerza. Contacta con un profesional y asesórate.

MITO NÚMERO 5: ES COSA DE HOMBRES... ¿Y DE MUJERES?

Las mujeres necesitan hacer mayor énfasis que los hombres en el entrenamiento de fuerza. Debido a que su entorno hormonal es menos favorable para los procesos anabólicos (de construcción de masa muscular) que en el caso de los hombres, una especial atención en el entrenamiento con sobrecargas les permitirá mejorar su composición corporal, estabilizar y regular ciertas ondulaciones hormonales, generar beneficiosas adaptaciones metabólicas... Empodérate y entrena la fuerza.

MITO NÚMERO 6: PERO SI YO CORRO, A MÍ LO QUE ME GUSTA ES EL CARDIO

A ti, amante empedernido de las actividades cardiovasculares, aficionado al circuito de carreras populares, triatleta, ciclista recreacional... el entrenamiento de fuerza te interesa mucho. Una selección de estímulos adecuada te ayudará a mejorar tu rendimiento deportivo, te permitirá compensar ciertos patrones o alteraciones no deseadas fruto de las acciones repetidas que requiere tu modalidad deportiva y, además, te prevendrá de múltiples riesgos de lesiones deportivas, cuya mayoría vienen precedidas de una carencia de masa muscular y de una estabilidad articular reducida.

MITO NÚMERO 7: NECESITO TENER UN GIMNASIO CON TODO EL EQUIPAMIENTO

Si eres de los que tiene la creencia de que si no tienes todo el material habido y por haber a tu disposición no podrás hacer un entrenamiento de fuerza óptimo, quiero que sepas que no es así, pues hay multitud de variantes y adaptaciones que un profesional cualificado te podrá ofrecer a modo de alternativa eficaz para entrenar en condiciones de austeridad en equipamiento deportivo. Autocargas, bandas elásticas, poleas… son también medios válidos para realizar unas buenas sesiones de entrenamiento de fuerza.

MITO NÚMERO 8: ME DUELE LA ESPALDA, POR ESO NO HAGO ENTRENAMIENTO DE FUERZA

Precisamente por dejar de entrenar la fuerza y estimular a tu tejido muscular es por lo que probablemente tu dolor de espalda no remite. Muchas horas sentado, un notable descenso de movimiento y la ausencia de un buen programa de fortalecimiento muscular van a ser grandes hándicaps para poder superar esas molestias que llevas arrastrando desde hace un tiempo. No esperes más y ponte en manos de un profesional del Ejercicio Físico. Bien aplicado, es una herramienta que hará de tu vida una vida mejor, una vida sin dolor. Muévete mucho y aprende a moverte bien.

MITO NÚMERO 9: YO YA ESTOY MUY MAYOR PARA ESO

Esta es otra de las creencias erróneas más extendidas entre nuestros mayores. Démosle la vuelta al enunciado y ganaremos calidad de vida a raudales. Y es que es precisamente cuando dejamos de entrenar en general y entrenar la fuerza en particular, cuando comenzamos a envejecer prematuramente. Precisamente por tener una edad biológica cada vez más avanzada es por lo que tienes que entrenar aún más. Tu nivel de hormonas anabólicas desciende, tu metabolismo tiende a ralentizarse, la sarcopenia (pérdida de masa muscular a partir de la cuarta década de edad) y la dinapenia (pérdida de fuerza) junto con la osteopenia (degradación ósea) se presentan en tu vida… y hay que plantarles batalla. ¿Cómo? Pues con el entrenamiento de fuerza.

En múltiples estudios, muchos de ellos liderados por el catedrático de la Universidad de Navarra, el doctor Mikel Izquierdo, se muestra cómo el entrenamiento de fuerza previene una sucesión de acontecimientos negativos en cascada: mejora la calidad de vida tanto real como percibida, ayuda a impedir caídas, evita la dependencia, mejora la funcionalidad en las actividades de la vida diaria… ¡en octogenarios y nonagenarios! Luego, nunca es tarde para ganar salud.

MITO NÚMERO 10: ¡NO HASTA LOS 16!

Algunas falsas creencias sobre el entrenamiento de fuerza en menores nos han llevado a creer que pueden repercutir negativamente en su desarrollo óseo, que se quedarán bajitos, que no es saludable... Pues bien, nada más lejos de la realidad. En la actualidad ya tenemos la suficiente evidencia tanto científica como clínica para cambiar nuestro paradigma en este sentido y empezar a valorar y a dar la importancia que tiene al entrenamiento de fuerza en niños. Siempre estamos dando por supuesto que este entrenamiento estará programado, dosificado y supervisado por un profesional del ejercicio físico competente. Si quieres que tu hijo y tu hija crezcan fuertes y sanos y que su desarrollo tanto físico como cognitivo sean óptimos, entonces ponlos en las manos adecuadas y que la fuerza haga el resto.

En resumidas cuentas: recalquemos el potencial que el entrenamiento de fuerza y la estimulación de la síntesis muscular van a tener para todo y para todos. Los beneficios del Ejercicio Físico de fuerza correctamente diseñado, dosificado, adaptado y supervisado son superlativos a todos los niveles. Ponte en manos de profesionales cualificados y competentes y comienza a mejorar tu vida y a derribar barreras.

Los falsos mitos ya han dejado de serlo.

9

Guía de ejercicios

A continuación, te voy a proponer una serie de ejercicios, fundamental-mente de fuerza, pero también de desarrollo de la movilidad, la coordinación y la estabilidad, a través de los que podremos mejorar nuestra condición muscular.

Para ponerlos en práctica, te aconsejo que utilices una vestimenta cómoda, a ser posible deportiva, que te deje mover con libertad y soltura. Sitúate en un espacio amplio, en el que no haya muchos más objetos que el propio material de entrenamiento que vas a necesitar.

El orden de los ejercicios está pensado para que la persona que los practique consiga una variedad interesante de estímulos en los diferentes músculos y articulaciones.

Trabajar el cuerpo y el cerebro de forma equilibrada garantiza un adecuado desarrollo de las capacidades necesarias para disfrutar de una calidad de vida lo más alta posible.

El material de entrenamiento debe ser muy básico:

▶ Esterilla para colocar sobre el suelo en los ejercicios que requieran un apoyo del cuerpo sobre el mismo.
▶ Mancuernas o cualquier tipo de peso que resulte suficiente para el ejercicio propuesto y que te permita manejarlo con comodidad y seguridad.
▶ Una banda elástica (te recomiendo que las compres de distintas resistencias para utilizarlas en función de la demanda del ejercicio).
▶ Una silla.
▶ Una superficie elevada que te aporte seguridad y estabilidad.
▶ Una pica de madera o una barra ligera.

Previamente a la ejecución, haz un calentamiento progresivo para que tu frecuencia cardíaca y tu temperatura corporal se vayan incrementando y para conectar con tu cuerpo y concentrar tu mente en una tarea que te exigirá la máxima atención.

Por cada uno de los ejercicios, haz de 2 a 4 series, de entre 8 y 12 repeticiones. Recuerda que una serie es un bloque de repeticiones y que una repetición consiste en completar una vez la secuencia que te propongo desde la posición inicial a la posición final del ejercicio y retorno de nuevo al inicio. Por ejemplo, si vas a hacer 3 series de 10 repeticiones de sentadillas con silla, tendrás que sentarte y volverte a levantar 10 veces seguidas y después descansar antes de pasar a la segunda serie de 10 sentadillas y luego a la tercera.

Cuando acabes de realizar un ejercicio, pregúntate: ¿he terminado el ejercicio muy sobrado de fuerza?, ¿con qué dificultades me he encontrado?, ¿en qué aspecto creo que lo he controlado mejor? Anota todo esto en tu diario de entrenamiento para ir progresando a medida que se suceden las sesiones de entrenamiento.

Vas a comprobar que la propuesta de ejercicios es muy variada y que en ella se alternan ejercicios que van a activar distintos grupos musculares de tu cuerpo. Es importante que respetes esta secuencia, pues así aseguramos un desarrollo armónico y equilibrado de nuestra masa muscular.

Fíjate en la ficha descriptiva de cada tarea, en la que podrás encontrar, además de una imagen del inicio y otra del final de cada ejercicio, unas pautas claves para su ejecución, los grupos musculares que se van a activar, las actividades de tu vida diaria (AVD) que se verán mejoradas por la puesta en práctica de este ejercicio y la manera de disminuir y aumentar su intensidad.

Disfruta, pásalo bien, invierte tiempo y energía en ellos y experimenta hasta qué punto consiguen mejorar tu salud y calidad de vida. **Procura realizar al menos cuatro de ellos, dos veces por semana.**

Y siempre consulta con el profesional del Ejercicio Físico que tengas cerca en cuanto a adaptación de ejercicios a tu caso, supervisión y dosificación.

¡A por ello!

5 ASPECTOS IMPORTANTES A TENER EN CUENTA EN TODOS LOS EJERCICIOS:

1. Mantener la boca cerrada durante la ejecución, para así asegurar que la inhalación se produce a través de la nariz.
2. Exhalar en la fase en la que se aplica la fuerza.
3. Buscar un espejo de cuerpo entero de referencia para tratar de comprobar la calidad de la ejecución y mejorar el esquema corporal.
4. A ser posible, realizar los ejercicios descalzos, para mejorar la funcionalidad de los músculos y las articulaciones de los pies.
5. Estos ejercicios forman parte de una propuesta de ejercitación de la fuerza integral, sin tener en cuenta consideraciones específicas de la persona. Por favor, consulta con un especialista en Ejercicio Físico para que adapte los detalles que considere a tu contexto específico.

EJERCICIOS DE FUERZA DE MIEMBROS SUPERIORES

EJERCICIO 1: ABDUCCIONES DE HOMBROS

PUNTOS CLAVE DE EJECUCIÓN

- Sitúate de pie, con una banda elástica por detrás de tu espalda, agarrada por las manos de los extremos.
- Desde una posición de cruz con los brazos, busca visualizar el gesto de dar un fuerte abrazo.
- El objetivo es tratar de juntar los codos, más que tratar de juntar las manos.
- Mantén los codos extendidos durante todo el rango de movimiento.

MÚSCULOS QUE TRABAJAN

Pectorales, hombros y tríceps.

TRANSFERENCIA A ACTIVIDADES DE LA VIDA DIARIA

Nos ayuda al desempeño de actividades que impliquen ejercer fuerza con los miembros superiores.

HAZLO MÁS FÁCIL

Flexiona un poco más los codos.

HAZLO MÁS DIFÍCIL

Fija la banda elástica en un punto estable, por ejemplo, una barandilla, por detrás del espacio que ocupa tu cuerpo. Con ello, la banda elástica nos ofrezca un mayor grado de resistencia al hacer el ejercicio.

EJERCICIO 2: ELEVACIONES FRONTALES DE HOMBROS

PUNTOS CLAVE DE EJECUCIÓN

- Intenta situarte lo más estable posible con unas mancuernas (o pesas) en ambas manos, y activa tu abdomen.
- Orienta las palmas de las manos hacia el suelo.
- Eleva las manos hasta la altura de tus hombros.
- Los hombros siempre se mantienen bajos.
- Baja con el mayor control posible.
- Si sientes que se sobrecarga demasiado la zona lumbar, hazlo sentado o apoya un pie sobre una superficie elevada.

MÚSCULOS QUE TRABAJAN

Porción anterior del músculo deltoides (hombro).

TRANSFERENCIA A ACTIVIDADES DE LA VIDA DIARIA

Coger y transportar pesos con las manos y los brazos.

HAZLO MÁS FÁCIL

Incrementa el grado de flexión de codos y no llegues tan arriba.

HAZLO MÁS DIFÍCIL

Alarga aún más la fase de descenso.

EJERCICIO 3: ELEVACIÓN LATERAL DE HOMBROS CON BANDA

PUNTOS CLAVE DE EJECUCIÓN

- Colócate de pie pisando un extremo de la banda elástica.
- Agarra el otro extremo de la banda con la mano contraria al pie en el que la anclas.
- Traza una trayectoria diagonal ascendente dando tensión a la banda.
- Vuelve con control e inicia la siguiente repetición antes de que la banda se quede sin tensión.

MÚSCULOS QUE TRABAJAN

Porción lateral del músculo deltoides.

TRANSFERENCIA A ACTIVIDADES DE LA VIDA DIARIA

Coger, dejar y transportar objetos con los miembros superiores.

HAZLO MÁS FÁCIL

Emplea una banda de menor resistencia o incrementa la flexión del codo ejecutor.

HAZLO MÁS DIFÍCIL

Utiliza una banda de mayor resistencia o disminuye la flexión del codo ejecutor.

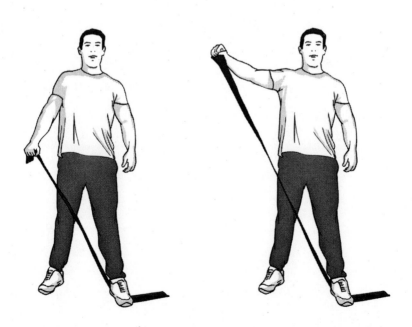

EJERCICIO 4: ELEVACIONES LATERALES DE HOMBROS

PUNTOS CLAVE DE EJECUCIÓN

- Colócate de pie, en una posición cómoda y estable, y con unas mancuernas en las manos.
- Piensa que eres un pájaro y vas a izar el vuelo.
- Separamos manos y empujamos con los codos hacia arriba.
- Los hombros no se elevan.
- No subimos más allá de la altura de las orejas.
- Fase de bajada con el mayor control posible.

MÚSCULOS QUE TRABAJAN

Porción lateral del músculo deltoides (hombro).

TRANSFERENCIA A ACTIVIDADES DE LA VIDA DIARIA

Coger y transportar pesos con las manos y los brazos.

HAZLO MÁS FÁCIL

Incrementa el grado de flexión de codos y no llegues tan arriba.

HAZLO MÁS DIFÍCIL

Alarga aún más la fase de bajada.

EJERCICIO 5: EMPUJES VERTICALES

PUNTOS CLAVE DE EJECUCIÓN

- Siéntate con los pies bien apoyados sobre el suelo.
- Coge con las manos dos mancuernas y dirígelas desde tus hombros hacia el techo.
- Mantén el tronco alineado.
- Siente cómo tu zona media, la musculatura de la parte central de tu cuerpo, está activa en todo momento.

MÚSCULOS QUE TRABAJAN

Porción frontal del músculo deltoides, pectoral y tríceps.

TRANSFERENCIA A ACTIVIDADES DE LA VIDA DIARIA

Coger, dejar y transportar objetos con los miembros superiores.

HAZLO MÁS FÁCIL

Utiliza una carga (por ejemplo, una barra) que te permita agarrarla con las dos manos.

HAZLO MÁS DIFÍCIL

Ejecuta el ejercicio sin que el tronco se lateralice.

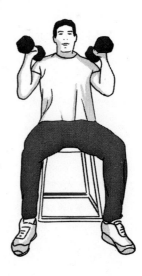

EJERCICIO 6: EXTENSIÓN DE CODO

PUNTOS CLAVE DE EJECUCIÓN

- Sitúate de pie, anclando el extremo de la banda elástica en el pie que sitúas delante.
- Agarra con la mano contraria el otro extremo de la banda elástica y flexiona el codo y el hombro para situarlos al lado de tu cabeza.
- Desde esa posición, tratando de mantener la mayor estabilidad posible, intenta hacer una extensión completa de codo dando mayor tensión a la banda elástica.

MÚSCULOS QUE TRABAJAN

Tríceps y músculos de la zona media del tronco.

TRANSFERENCIA A ACTIVIDADES DE LA VIDA DIARIA

Mejora de las acciones que impliquen empujes y de la estabilidad articular de los miembros superiores. Incrementa la estabilidad de la región central del tronco.

HAZLO MÁS FÁCIL

Fija la banda en un punto trasero ligeramente elevado para que la acción técnica te resulte más sencilla.

HAZLO MÁS DIFÍCIL

Busca incrementar la resistencia o aguantar unos segundos en el punto de mayor tensión.

EJERCICIO 7: FLEXIONES DE BRAZOS

PUNTOS CLAVE DE EJECUCIÓN

- Sitúa tus manos apoyadas sobre una superficie elevada, con el tronco lo más recto y alineado posible.
- Acércate a la superficie de apoyo y luego sepárate de ella a la mayor velocidad posible.
- Intenta que los hombros no suban a medida que vas flexionando los codos.
- Orienta la mirada hacia abajo.
- Los codos tratan de rozar la camiseta.
- Las caderas no se flexionan ni se rotan. Te puedes ayudar separando más los pies.

MÚSCULOS QUE TRABAJAN

Pectorales, hombros, tríceps y músculos de la zona media del tronco.

TRANSFERENCIA A ACTIVIDADES DE LA VIDA DIARIA

Mejora todas las acciones de empujes que nos podamos encontrar en nuestro día a día, por ejemplo, desplazar un mueble o abrir una puerta. Previene la osteoporosis de miembros superiores.

HAZLO MÁS FÁCIL

Incrementa la altura de la superficie de apoyo.

HAZLO MÁS DIFÍCIL

Disminuye la altura de la superficie de apoyo.

EJERCICIO 8: FLEXIONES DE CODOS

PUNTOS CLAVE DE EJECUCIÓN

- Sitúate de pie, con unas mancuernas en las manos y estabilizando lo mejor posible la zona media del tronco.
- En la posición de partida, con los codos extendidos, orienta las palmas de las manos hacia tu tronco.
- Flexiona los codos buscando llevar los nudillos hacia los hombros, orientando las palmas de las manos hacia ti.

MÚSCULOS QUE TRABAJAN

Músculos flexores del codo.

TRANSFERENCIA A ACTIVIDADES DE LA VIDA DIARIA

Coger, dejar y transportar objetos con los miembros superiores.

HAZLO MÁS FÁCIL

Ejecútalo de forma alterna.

HAZLO MÁS DIFÍCIL

Para y aguanta unos segundos en la fase de máxima tensión (coincide con los 90° de flexión del codo).

EJERCICIO 9: TRACCIÓN

PUNTOS CLAVE DE EJECUCIÓN
- Sitúate de pie, frente a un punto estable que te permita fijar la banda elástica.
- Separa los pies a la anchura de las caderas y agarra con tus manos los extremos de la banda.
- Tracciona de ella intentando separar los codos y sacar pecho.
- Deja los hombros abajo.

MÚSCULOS QUE TRABAJAN
Músculos de la espalda, bíceps y hombros.

TRANSFERENCIA A ACTIVIDADES DE LA VIDA DIARIA
Mejora la fuerza y la capacidad funcional en todas las actividades o acciones físicas que exijan traccionar, por ejemplo, cuando abrimos una puerta. Mejora la higiene postural.

HAZLO MÁS FÁCIL
Disminuye la resistencia de la banda elástica.

HAZLO MÁS DIFÍCIL
Hazlo de forma unilateral, tratando que tus caderas y tu línea de hombros no roten en el momento de traccionar.

EJERCICIO 10: TRACCIÓN HORIZONTAL

PUNTOS CLAVE DE EJECUCIÓN

- Sitúate frente a una superficie estable elevada, que te permita apoyar con comodidad una de tus manos sobre ella.
- Tu tronco tiene que estar lo más estable posible, ligeramente inclinado hacia delante, proyectado sobre la superficie de apoyo.
- En la mano contraria, coge una carga y tira de ella para llevarla junto a tu cadera.

MÚSCULOS QUE TRABAJAN

Músculos de la espalda y de la zona media del tronco y bíceps.

TRANSFERENCIA A ACTIVIDADES DE LA VIDA DIARIA

Mejora en el desempeño de actividades físicas que involucren el uso de los miembros superiores y también mejora de la higiene postural.

HAZLO MÁS FÁCIL

Aumenta la altura de la superficie de apoyo.

HAZLO MÁS DIFÍCIL

Incrementa la carga de la que traccionas.

EJERCICIOS DE FUERZA Y ESTABILIDAD DE LA ZONA MEDIA DEL TRONCO

EJERCICIO 11: ANTILATERALIZACIÓN DE TRONCO

PUNTOS CLAVE DE EJECUCIÓN

- Sitúate de pie, con el tronco bien alineado y con un peso en una de tus manos.
- Haz un cambio de peso a la otra mano a la vez que elevas la pierna flexionada del lado que inicialmente sujetaba la carga.
- A continuación, sitúa la mano que ha soltado el peso junto a tu sien e intenta mantener tu posición lo más estable posible.
- A ser posible, sitúate frente a un espejo para que puedas comprobar en todo momento tu alineación corporal.

MÚSCULOS QUE TRABAJAN

Músculos del pie y músculos estabilizadores de la zona media del tronco.

TRANSFERENCIA A ACTIVIDADES DE LA VIDA DIARIA

Mejora la salud de la espalda y la estabilidad plantar. Con ello conseguiremos un mejor rendimiento en cualquier actividad física.

HAZLO MÁS FÁCIL

Empieza a hacerlo sin peso, solo tratando de mantenerte con el apoyo de un solo pie sobre el suelo.

HAZLO MÁS DIFÍCIL

Intenta hacerlo con los ojos cerrados o trata de pasar el peso a la otra mano por debajo de tu rodilla elevada.

EJERCICIO 12: ANTIRROTACIÓN DE TRONCO

PUNTOS CLAVE DE EJECUCIÓN

- Sitúate de pie, lateralmente al punto de anclaje de uno de los extremos de la banda elástica.
- Separa los pies a la anchura de tus caderas y agarra el otro extremo de la banda con los brazos extendidos frente a tu esternón.
- El objetivo es evitar la rotación tanto de pies como de hombros y caderas a la que la banda elástica tiende a llevarnos.
- Agarra con fuerza entre tus manos el extremo de la banda elástica y fija tus brazos extendidos frente a la línea de proyección de tu esternón.

MÚSCULOS QUE TRABAJAN

Músculos de la zona media, especialmente los músculos oblicuos.

TRANSFERENCIA A ACTIVIDADES DE LA VIDA DIARIA

Mejora la salud lumbar y previene la osteoporosis de caderas.

HAZLO MÁS FÁCIL

Siéntate en una silla.

HAZLO MÁS DIFÍCIL

Intenta despegar del suelo el pie que queda más alejado del punto de anclaje de la banda, sin que por ello rote tu tronco.

EJERCICIO 13: «BICHO MUERTO»

PUNTOS CLAVE DE EJECUCIÓN

- Sitúate en posición de cuadrupedia pero tumbado bocarriba.
- Rodillas flexionadas sobre las caderas y brazos extendidos buscando tocar el techo con los dedos.
- Llevamos los miembros superiores e inferiores contralaterales hacia atrás y hacia delante, respectivamente.
- Esto ocasionará que nuestra zona lumbar tienda a despegarse del suelo. Con la activación de nuestro abdomen intentaremos mantener siempre la zona lumbar bien apoyada sobre el suelo.

MÚSCULOS QUE TRABAJAN

Músculos estabilizadores del tronco (zona media).

TRANSFERENCIA A ACTIVIDADES DE LA VIDA DIARIA

Mejora de la fuerza abdominal y de la estabilidad del tronco y, por tanto, de la salud de la espalda y las caderas, previniendo accidentes domésticos.

HAZLO MÁS FÁCIL

Mueve las extremidades de una en una, llegando solo hasta el punto que sientas que puedes controlar.

HAZLO MÁS DIFÍCIL

Aleja lo máximo posible los dos miembros contralaterales que mueves y mantente estable unos segundos en esa posición, pegando la zona lumbar contra el suelo lo máximo posible.

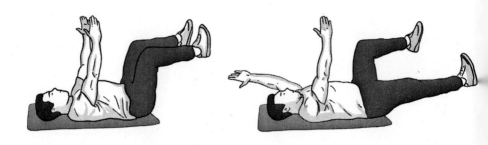

EJERCICIO 14: DESPLAZAMIENTO A CUADRUPEDIA

PUNTOS CLAVE DE EJECUCIÓN

- Sitúate en posición de cuadrupedia, con las manos en la misma línea de proyección de los hombros y las rodillas en la línea de proyección de las caderas.
- Desplázate hacia delante tratando de mantener las rodillas cerca del suelo, pero sin llegar a apoyarlas sobre el mismo.
- Intenta coordinar el desplazamiento, moviendo a la vez la mano y la pierna contraria.
- Mantén tu mirada orientada hacia el suelo y tu espalda lo más alineada y recta posible.

MÚSCULOS QUE TRABAJAN

Músculos de piernas, zona media, brazos, pectorales y hombros.

TRANSFERENCIA A ACTIVIDADES DE LA VIDA DIARIA

Mejora de la fuerza estabilizadora y de transmisión entre la zona media y los miembros superiores e inferiores. Mejora de la salud cardiometabólica y de la coordinación gestual.

HAZLO MÁS FÁCIL

Desplázate apoyando las rodillas sobre el suelo.

HAZLO MÁS DIFÍCIL

Desplázate también hacia atrás y de forma lateral o sitúa encima de tu espalda un objeto ligero e intenta que no caiga mientras te estás desplazando.

EJERCICIO 15: DELTOIDES POSTERIOR Y ESTABILIDAD DE ZONA MEDIA

PUNTOS CLAVE DE EJECUCIÓN

- Sitúate en posición de peso muerto, con las caderas flexionadas y el tronco inclinado hacia delante.
- Pisa el extremo de la banda con un pie y agarra el otro extremo con la mano del mismo lado.
- Haz una elevación lateral, manteniendo el codo ligeramente flexionado.
- Intenta que no roten las caderas ni el tronco.
- Orienta la mirada hacia el suelo.

MÚSCULOS QUE TRABAJAN

Hombros (especialmente la porción posterior), músculos periescapulares y músculos de la zona media del tronco.

TRANSFERENCIA A ACTIVIDADES DE LA VIDA DIARIA

Mejora de la higiene postural, prevención de actitudes hipercifóticas y mejora de la salud articular del hombro.

HAZLO MÁS FÁCIL

Disminuye la resistencia de la banda y busca un punto frontal estable en el que poder apoyarte.

HAZLO MÁS DIFÍCIL

Mantén unos segundos la posición en el punto de mayor tensión y regresa muy lentamente.

EJERCICIO 16: FUERZA DE HOMBROS Y ZONA MEDIA

PUNTOS CLAVE DE EJECUCIÓN

- Colócate en posición de arquero, con una rodilla apoyada sobre el suelo.
- Fija el extremo de la banda elástica con esta rodilla.
- Con la mano del mismo lado, agarra el otro extremo y haz un empuje vertical dando tensión a la banda elástica.
- Intenta mantener siempre el tronco estable y la mirada orientada al frente.

MÚSCULOS QUE TRABAJAN

Músculos de la zona media, hombros y tríceps.

TRANSFERENCIA A ACTIVIDADES DE LA VIDA DIARIA

Mejora de la estabilidad del tronco y de las acciones de empuje. Mejora de la salud articular de los miembros superiores y prevención de la osteoporosis de caderas, así como de las caídas.

HAZLO MÁS FÁCIL

Realiza el ejercicio de pie.

HAZLO MÁS DIFÍCIL

Agarra un peso con la mano libre que intenta lateralizar tu tronco y trata de evitarlo mientras pones en práctica el ejercicio principal.

EJERCICIO 17: PASEO DEL GRANJERO

PUNTOS CLAVE DE EJECUCIÓN

- Sitúate de pie, con un peso en ambas manos.
- Camina intentado siempre mantener la mayor estabilidad y alineación del tronco que te sea posible.

MÚSCULOS QUE TRABAJAN

Músculos estabilizadores del tronco y músculos flexores de los dedos (antebrazos).

TRANSFERENCIA A ACTIVIDADES DE LA VIDA DIARIA

Mejora en los desplazamientos y transportes de cargas, del control corporal y de la fuerza de presión manual.

HAZLO MÁS FÁCIL

Mírate en un espejo de cuerpo entero para que puedas comprobar la alineación de tu tronco.

HAZLO MÁS DIFÍCIL

Utiliza cargas desiguales, haz cambios de dirección o eleva más las rodillas mientras vas caminando.

EJERCICIO 18: «PERRO-PÁJARO»

PUNTOS CLAVE DE EJECUCIÓN

- Sitúate en posición de cuadrupedia sobre el suelo.
- Intenta exhalar aire mientras despegas del suelo una mano y la rodilla contraria.
- En el momento de quitar los dos apoyos contrapuestos, frena la tendencia de rotación de las caderas por medio de una buena activación de la musculatura central del tronco.
- Mantén la mirada orientada hacia el suelo (zona cervical neutra).
- Regresa a la posición inicial con el máximo control posible.

MÚSCULOS QUE TRABAJAN

Músculos estabilizadores del tronco (zona media).

TRANSFERENCIA A ACTIVIDADES DE LA VIDA DIARIA

Mejora de la estabilidad del tronco y, por tanto, de la salud de la espalda y las caderas, previniendo accidentes domésticos.

HAZLO MÁS FÁCIL

Despega solo un miembro del suelo, alternando entre los cuatro apoyos.

HAZLO MÁS DIFÍCIL

Aleja lo máximo posible los dos miembros contralaterales que despegas del suelo y mantente estable unos segundos en esa posición.

EJERCICIO 19: PLANCHA FRONTAL ABDOMINAL

PUNTOS CLAVE DE EJECUCIÓN

- Apoya tus antebrazos sobre una superficie elevada, proyectando tu pecho encima de ella.
- Separa los pies más allá de la anchura de las caderas.
- Trata de alinear tu espalda al máximo.
- Siente que tanto tu abdomen como tus glúteos están activos.
- Saca pecho.
- Orienta la mirada hacia abajo.
- Despega un brazo de la superficie elevada y llévalo extendido hacia tu costado, tratando de evitar que tus caderas roten.

MÚSCULOS QUE TRABAJAN

Músculos de la zona media del tronco.

TRANSFERENCIA A ACTIVIDADES DE LA VIDA DIARIA

Mejora la estabilidad del raquis lumbar, lo que se traduce en una mejor salud de la espalda.

HAZLO MÁS FÁCIL

Busca una superficie más elevada para el apoyo de los antebrazos o mantén los dos antebrazos apoyados en todo momento.

HAZLO MÁS DIFÍCIL

Reduce la altura de la superficie de apoyo o aumenta el tiempo cuando estés entre apoyos.

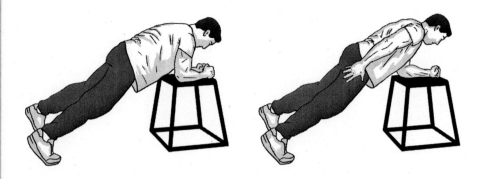

EJERCICIO 20: PLANCHA LATERAL DE GLÚTEOS

PUNTOS CLAVE DE EJECUCIÓN

- Colócate tumbado lateralmente sobre el suelo, apoyado con el antebrazo y la rodilla que tocan el suelo.
- Eleva de forma lateral las caderas buscando el techo y sacando pecho.
- Mantén la posición estática intentando que tus caderas no caigan al suelo, empujando fuerte hacia delante con ellas.
- Imagina que tienes una nuez entre tus glúteos y que la quieres reventar.

MÚSCULOS QUE TRABAJAN

Glúteos y oblicuos.

TRANSFERENCIA A ACTIVIDADES DE LA VIDA DIARIA

Mejora de la abducción y de la estabilidad de las caderas, lo que mejora la marcha y la salud lumbar y previene osteoporosis de caderas y rodillas y accidentes domésticos.

HAZLO MÁS FÁCIL

Mantén las dos rodillas unidas y flexionadas.

HAZLO MÁS DIFÍCIL

Sitúa una banda elástica alrededor de tus rodillas y sepáralas cuando subas las caderas, manteniendo arriba la posición estática durante unos segundos.

EJERCICIOS DE FUERZA DE MIEMBROS INFERIORES

EJERCICIO 21: ABDUCCIÓN DE CADERA

PUNTOS CLAVE DE EJECUCIÓN

- Sitúate en posición de acostado lateral, con la zona cervical estabilizada y las rodillas extendidas.
- Ata una banda elástica a la altura de los tobillos.
- Intenta separar la pierna de arriba lo máximo posible sin que rote la zona media del tronco.
- Vuelve a la posición inicial y repite antes de que sientas que la banda se queda sin tensión.
- Apoya una mano en el suelo y aplica fuerza hacia abajo para generar una mayor estabilidad lumbar.

MÚSCULOS QUE TRABAJAN

Glúteos.

TRANSFERENCIA A ACTIVIDADES DE LA VIDA DIARIA

Mejora de la abducción y de la estabilidad de las caderas, lo que mejora la marcha y la salud lumbar y previene osteoporosis de caderas y rodillas y accidentes domésticos.

HAZLO MÁS FÁCIL

Hazlo sin banda elástica o con una de menor resistencia.

HAZLO MÁS DIFÍCIL

Busca incrementar la resistencia o aguantar unos segundos en el punto de mayor tensión.

EJERCICIO 22: ABDUCCIONES DE CADERAS

PUNTOS CLAVE DE EJECUCIÓN

- Sitúate de pie, estabilizando lo mejor posible la zona media del tronco.
- Ata una banda elástica a la altura de tus tobillos.
- Separa lateralmente uno de tus pies, dando tensión a la banda elástica, dejando el pie contrario bien estabilizado en el suelo.

MÚSCULOS QUE TRABAJAN

Glúteos.

TRANSFERENCIA A ACTIVIDADES DE LA VIDA DIARIA

Mejora la locomoción en general y disminuye el riesgo de caídas. Mejora de la salud lumbar.

HAZLO MÁS FÁCIL

Hazlo agarrado a una superficie estable.

HAZLO MÁS DIFÍCIL

Intenta no apoyar el pie ejecutor en ningún momento.

EJERCICIO 23: ABDUCCIÓN DE CADERAS DESDE CUADRUPEDIA

PUNTOS CLAVE DE EJECUCIÓN

- Sitúate en posición de cuadrupedia, con la mirada orientada hacia el suelo.
- Ata una banda elástica a la altura de las rodillas.
- Trata de separar lo máximo posible la rodilla respecto de la que se queda apoyada en el suelo, intentando que la zona media rote lo menos posible.

MÚSCULOS QUE TRABAJAN

Glúteos y músculos de la zona media del tronco.

TRANSFERENCIA A ACTIVIDADES DE LA VIDA DIARIA

Mejora de la abducción y de la estabilidad de las caderas, lo que mejora la marcha y la salud lumbar y previene osteoporosis de caderas y rodillas y accidentes domésticos.

HAZLO MÁS FÁCIL

Hazlo sin banda elástica o con una de menor resistencia.

HAZLO MÁS DIFÍCIL

Busca incrementar la resistencia o aguantar unos segundos en el punto de mayor tensión.

EJERCICIO 24: ACELERACIÓN Y DESACELERACIÓN

PUNTOS CLAVE DE EJECUCIÓN

- Sitúate de pie, como a punto de empezar a hacer una sentadilla.
- Acompañado del movimiento ascendente de tus brazos, intenta aplicar la mayor fuerza posible con tus pies sobre el suelo, como si lo quisieras hundir.
- Despégate del suelo lo máximo posible, elevando tu centro de gravedad.
- Al caer, intenta desacelerar y amortiguar lo máximo posible, flexionando las rodillas para absorber mejor el impacto.

MÚSCULOS QUE TRABAJAN

Músculos de las piernas, junto con los de la zona media del tronco.

TRANSFERENCIA A ACTIVIDADES DE LA VIDA DIARIA

Mejora de la potencia muscular de las piernas, esencial para prevenir caídas y accidentes domésticos, así como para mantener picos de fuerza lo más elevados posible.

HAZLO MÁS FÁCIL

Ancla una banda elástica en un punto situado por encima de tu cabeza y tira fuerte de ella con tus manos a la hora de realizar la fase de despegue.

HAZLO MÁS DIFÍCIL

Lástrate poniendo algo de peso encima. Asegúrate de que la sobrecarga que añadas está estable, con el fin de evitar rebotes o perturbaciones indeseadas en la fase de amortiguación.

EJERCICIO 25: ADUCCIÓN DE CADERAS

PUNTOS CLAVE DE EJECUCIÓN

- Sitúate de pie, con los pies en una posición más abierta con respecto a la anchura de las caderas.
- Coloca un objeto (como una pelota blanda) entre tus rodillas.
- Busca hacer la máxima presión posible sobre el objeto, intentando juntar rodillas haciendo la mayor fuerza posible.

MÚSCULOS QUE TRABAJAN

Músculos aductores de las caderas.

TRANSFERENCIA A ACTIVIDADES DE LA VIDA DIARIA

Mejora de la aducción y la extensión de las caderas. Incrementa la funcionalidad en las actividades físicas donde los miembros inferiores se ven involucrados, como en los desplazamientos o transportes.

HAZLO MÁS FÁCIL

Flexiona un poco más las rodillas y adelanta el tronco.

HAZLO MÁS DIFÍCIL

Intenta estar más extendido y alarga unos segundos más la fase de máxima aducción de caderas.

EJERCICIO 26: EXTENSIÓN DE CADERA

PUNTOS CLAVE DE EJECUCIÓN

- Sitúate de pie, con una banda elástica atada a la altura de tus tobillos.
- Manteniendo uno de tus pies lo más estable posible, coloca el tronco recto y trata de llevar el pie contrario lo más atrás posible, dando tensión a la banda.
- Considera que ambas rodillas tienen que estar extendidas.

MÚSCULOS QUE TRABAJAN

Glúteos, fundamentalmente, y erectores espinales.

TRANSFERENCIA A ACTIVIDADES DE LA VIDA DIARIA

Mejora la locomoción en general y disminuye el riesgo de caídas. Mejora de la salud lumbar.

HAZLO MÁS FÁCIL

Colócate cerca de una superficie estable que se encuentre frente al lugar de ejecución. De esta forma, te podrás apoyar sobre ella con tus manos y mantenerte fácilmente sobre uno de tus pies.

HAZLO MÁS DIFÍCIL

Intenta mantener unos segundos la posición en el momento de máxima tensión muscular y de la banda, coincidente con el de mayor extensión de la cadera.

EJERCICIO 27: EXTENSIÓN DE CADERAS

PUNTOS CLAVE DE EJECUCIÓN

- Apoya la parte alta sobre una superficie de una altura media que te aporte estabilidad, seguridad y comodidad en la medida de lo posible.
- Con las rodillas flexionadas y los pies bien apoyados en el suelo, intenta llevar tus caderas hacia el techo en la medida de lo posible.
- Mantén tu zona cervical en neutralidad, sintiendo que tu cuello está cómodo.
- Orienta tu mirada hacia las caderas.
- Cuando subas las caderas, visualiza que tienes una nuez entre tus glúteos e intenta romperla con ellos.

MÚSCULOS QUE TRABAJAN

Glúteos e isquiosurales, fundamentalmente.

TRANSFERENCIA A ACTIVIDADES DE LA VIDA DIARIA

Mejora el patrón de movimiento de la marcha y la potencia de los miembros inferiores. Previene la artrosis de cadera.

HAZLO MÁS FÁCIL

Apoya tu espalda directamente sobre el suelo.

HAZLO MÁS DIFÍCIL

Ejecuta el ejercicio manteniendo un solo pie apoyado en el suelo.

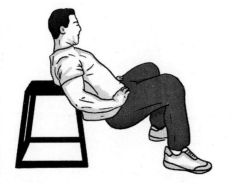

EJERCICIO 28: EXTENSIONES DE RODILLAS SENTADO

PUNTOS CLAVE DE EJECUCIÓN

- Siéntate en una silla y piensa que sobre tus pies hay una pelota que tienes que chutar fuerte hacia el techo.
- Mantén tu zona lumbar lo más estable posible (activa tu abdomen).
- Orienta la punta de tus pies hacia ti.
- Intenta despegar el muslo de la silla cuando hagas la extensión de la rodilla.

MÚSCULOS QUE TRABAJAN

Cuádriceps y gemelos.

TRANSFERENCIA A ACTIVIDADES DE LA VIDA DIARIA

Mejora la locomoción en general y disminuye el riesgo de caídas. Mejora de la salud metabólica y cardíaca.

HAZLO MÁS FÁCIL

Ejecuta el ejercicio con una y otra pierna alternativamente.

HAZLO MÁS DIFÍCIL

Haz el ejercicio con una sola pierna, situando la otra encima a modo de sobrecarga, o sitúa una banda elástica en tu empeine para que ejerza resistencia al subir.

 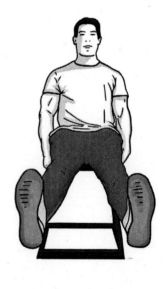

EJERCICIO 29: FUERZA DE FLEXORES DE CADERAS

PUNTOS CLAVE DE EJECUCIÓN

- Sitúate de pie, con una buena alineación de tronco y cabeza.
- Ata una banda elástica entre tus empeines.
- Dejando un pie apoyado y estable en el suelo, busca flexionar la rodilla contraria, como si la quisieras llevar hacia el techo, dando tensión a la banda elástica.

MÚSCULOS QUE TRABAJAN

Músculos flexores de las caderas (psoas e ilíaco).

TRANSFERENCIA A ACTIVIDADES DE LA VIDA DIARIA

Mejora de la fuerza de los músculos flexores de las caderas, lo que posibilita subir escaleras y salvar obstáculos con mayor soltura. Ayuda al cuádriceps en su función de flexión de las caderas. Prevención de caídas y accidentes domésticos.

HAZLO MÁS FÁCIL

Hazlo sin banda elástica o con una de menor resistencia.

HAZLO MÁS DIFÍCIL

Busca incrementar la resistencia o aguantar unos segundos en el punto de mayor tensión.

EJERCICIO 30: FUERZA DE FLEXORES PLANTARES

PUNTOS CLAVE DE EJECUCIÓN

- Sitúate de pie frente a una pared, apoyando tus manos sobre la misma.
- Mantén las rodillas completamente extendidas en todo momento, e intenta elevar los talones lo máximo posible.
- Desciende a la posición de partida con control.

MÚSCULOS QUE TRABAJAN

Músculos flexores plantares (gemelos).

TRANSFERENCIA A ACTIVIDADES DE LA VIDA DIARIA

Mejora de la fuerza flexora plantar, clave en el desplazamiento, los transportes y la prevención de caídas y accidentes domésticos. Mejora de la salud cardíaca por mejora del retorno venoso.

HAZLO MÁS FÁCIL

Colócate más cerca del punto de apoyo.

HAZLO MÁS DIFÍCIL

Apoya las puntas de los pies sobre una superficie elevada, coloca una pelota entre los talones o hazlo con un solo pie.

EJERCICIO 31: GEMELOS Y FLEXORES DE CADERA

PUNTOS CLAVE DE EJECUCIÓN

- Sitúate de pie, de cara a la pared, apoyando sobre la misma la punta de uno de tus pies, flexionando y elevando la rodilla.
- Pon las manos al frente y orienta hacia ellas tu mirada, sintiéndote lo más estable posible.
- Eleva el talón del pie que dejas apoyado en el suelo, manteniendo esa rodilla y cadera en completa extensión.
- Intenta mantener en todo momento la punta del pie que se apoya sobre la pared en contacto con la misma, sin que vaya resbalando hacia abajo ni se despegue.

MÚSCULOS QUE TRABAJAN

Gemelos, flexores de caderas y músculos de la zona media del tronco.

TRANSFERENCIA A ACTIVIDADES DE LA VIDA DIARIA

Mejora el rendimiento en acciones diarias como la subida de escaleras y previene caídas y accidentes domésticos.

HAZLO MÁS FÁCIL

Disminuye el punto de apoyo de la puntera del pie delantero.

HAZLO MÁS DIFÍCIL

Coge una carga con la mano contraria al pie que apoyas sobre la pared, evitando que este peso unilateral lateralice tu tronco.

EJERCICIO 32: «LA ALMEJA»

PUNTOS CLAVE DE EJECUCIÓN

- Sitúate en posición de acostado lateral, con la zona cervical estabilizada y las rodillas flexionadas.
- Ata una banda elástica a la altura de las rodillas.
- Intenta separar la rodilla de arriba lo máximo posible sin que rote la zona media del tronco.
- Vuelve a la posición inicial y repite antes de que percibas que la banda se queda sin tensión.
- Los pies nunca se separan, siempre en contacto entre ellos.

MÚSCULOS QUE TRABAJAN

Glúteos.

TRANSFERENCIA A ACTIVIDADES DE LA VIDA DIARIA

Mejora de la abducción y de la estabilidad de las caderas, lo que mejora la marcha y la salud lumbar y previene osteoporosis de caderas y rodillas y accidentes domésticos.

HAZLO MÁS FÁCIL

Hazlo sin banda elástica o con una de menor resistencia.

HAZLO MÁS DIFÍCIL

Busca incrementar la resistencia o aguantar unos segundos en el punto de mayor tensión.

EJERCICIO 33: PASOS DIAGONALES CON BANDA ELÁSTICA

PUNTOS CLAVE DE EJECUCIÓN

- Ata la banda elástica a la altura de los tobillos.
- Flexiona ligeramente las rodillas.
- Inclina ligeramente el tronco.
- Mantén la línea de hombros y el pecho abiertos.
- Da un paso largo en diagonal hacia delante.
- Controla la fase de regreso y no dejes que la banda se quede sin tensión en ningún momento.

MÚSCULOS QUE TRABAJAN

Glúteos.

TRANSFERENCIA A ACTIVIDADES DE LA VIDA DIARIA

Mejora la salud lumbar, incrementa la estabilidad estática y dinámica en rodillas y nos ayuda en la locomoción.

HAZLO MÁS FÁCIL

Utiliza una banda de menor resistencia o fíjala a la altura de las rodillas.

HAZLO MÁS DIFÍCIL

Utiliza una banda de mayor resistencia o fíjala en los empeines de los pies.

EJERCICIO 34: PESO MUERTO

PUNTOS CLAVE DE EJECUCIÓN

- Colócate de pie, en una posición estable, con los pies separados a la anchura de las caderas y unas mancuernas en las manos.
- Flexiona ligeramente las rodillas.
- Domina la flexión y extensión de las caderas con respecto a la de las rodillas.
- Piensa en empujar fuerte con los pies hacia el suelo.
- Cuando bajes, piensa en sacar y abrir el pecho.
- Sube mediante la extensión activa de las caderas, activando glúteos.
- La carga desplazada va siempre cerca del tronco.

MÚSCULOS QUE TRABAJAN

Isquiosurales (músculos posteriores del muslo), glúteos y músculos de la región lumbar.

TRANSFERENCIA A ACTIVIDADES DE LA VIDA DIARIA

Coger cargas de cualquier tipo y magnitud.

HAZLO MÁS FÁCIL

Apoya las pesas sobre dos superficies elevadas (a modo de topes laterales).

HAZLO MÁS DIFÍCIL

Realiza la fase de bajada con el apoyo de un solo pie.

EJERCICIO 35: PESO MUERTO MONOPODAL

PUNTOS CLAVE DE EJECUCIÓN

- Sitúate de pie sujetando una pica entre el empeine de un pie y la palma de la mano del mismo lado.
- Alinea bien tu cabeza con la línea de hombros y conecta tus omóplatos, es decir, saca pecho y piensa que estás abrazando un lápiz entre tus escápulas.
- Desde una pequeña flexión de la rodilla de apoyo, busca realizar una buena flexión y extensión con la cadera de ese mismo lado.
- Intenta crear un bloque lo más compacto posible entre la pica, la mano y el pie.
- Cambia de pie y mano.

MÚSCULOS QUE TRABAJAN

Glúteos, isquiosurales y zona media del tronco.

TRANSFERENCIA A ACTIVIDADES DE LA VIDA DIARIA

Mejora del patrón de movimiento de flexión y extensión de caderas, lo que nos permite una mayor calidad de movimiento en gestos tan comunes como el levantamiento de cargas.

HAZLO MÁS FÁCIL

Busca una superficie de apoyo lateral para mayor estabilidad agarrándote con tu mano libre.

HAZLO MÁS DIFÍCIL

Coge un peso con la mano libre y trata de estabilizar tu tronco durante la realización del ejercicio.

EJERCICIO 36: PESO MUERTO MÁS TRACCIÓN

PUNTOS CLAVE DE EJECUCIÓN

- En este ejercicio, partimos de la base de posición en la que hemos buscado posicionarnos en la fase final del ejercicio 34.
- Colócate de pie, en una posición estable, con los pies separados a la anchura de las caderas.
- Flexiona ligeramente las rodillas.
- Flexiona también las caderas, adelantando el tronco y situándolo paralelo al suelo.
- Busca mantenerte lo más estable posible.
- Durante todo el ejercicio, piensa en abrir y sacar el pecho.
- Tracciona buscando llevar las mancuernas hacia las caderas (no hacia las axilas).

MÚSCULOS QUE TRABAJAN

Musculatura de la espalda, especialmente músculos dorsales.

TRANSFERENCIA A ACTIVIDADES DE LA VIDA DIARIA

Coger cargas de cualquier tipo y magnitud.

HAZLO MÁS FÁCIL

Apoya el pecho en una superficie frontal estable.

HAZLO MÁS DIFÍCIL

Ejecútalo de manera unilateral, llevando la carga en una sola mano, intentando que el tronco no rote.

EJERCICIO 37: PUENTE DE GLÚTEOS

PUNTOS CLAVE DE EJECUCIÓN

- Túmbate sobre el suelo con las rodillas flexionadas y los pies apoyados en el suelo.
- Intenta empujar tus caderas hacia el techo, notando cómo tus glúteos se activan para realizar esta acción.
- Visualiza que tienes una nuez entre los glúteos e intenta romperla al elevar las caderas.
- Mantén siempre la nuca y la espalda bien apoyadas y estabilizadas sobre el suelo.

MÚSCULOS QUE TRABAJAN

Glúteos, isquiosurales y zona media del tronco.

TRANSFERENCIA A ACTIVIDADES DE LA VIDA DIARIA

Mejora del patrón de movimiento de extensión de caderas, de la locomoción en general y prevención de caídas.

HAZLO MÁS FÁCIL

Ayúdate de una banda elástica que te facilite la transición a extensión de caderas.

HAZLO MÁS DIFÍCIL

Utiliza una carga externa apoyada sobre tus caderas o mantén unos segundos la posición en el momento de mayor extensión de caderas.

EJERCICIO 38: PUENTE DE GLÚTEOS MONOPODAL

PUNTOS CLAVE DE EJECUCIÓN

- Igual que el ejercicio anterior, con la diferencia de que en este caso solo dejamos un pie apoyado en el suelo.
- Intenta empujar tu cadera de apoyo hacia arriba, notando como tu glúteo es el encargado de hacer ese empuje extensor de cadera.
- Procura que las caderas no roten, ya que es un ejercicio unilateral.

MÚSCULOS QUE TRABAJAN

Glúteos, isquiosurales y zona media del tronco.

TRANSFERENCIA A ACTIVIDADES DE LA VIDA DIARIA

Mejora del patrón de movimiento de extensión de caderas, de la locomoción en general y prevención de caídas.

HAZLO MÁS FÁCIL

Ayúdate de una banda elástica que facilite la transición a extensión de caderas.

HAZLO MÁS DIFÍCIL

Utiliza una carga externa apoyada sobre tu cadera ejecutante o sitúa el pie que dejas apoyado sobre el suelo encima de una superficie elevada.

EJERCICIO 39: PUENTE DE GLÚTEOS «RANA»

PUNTOS CLAVE DE EJECUCIÓN

- Igual que el puente de glúteos básico, pero aquí queremos que la musculatura aductora de las caderas reciba más estímulo.
- Para ello, situamos las plantas de los pies juntas, pegadas entre sí, con las rodillas flexionadas y separadas.
- Del mismo modo, tratamos de llevar las caderas hacia el techo y contraer con fuerza los glúteos para una mayor retroversión de la pelvis y una mejor estabilización de las vértebras lumbares.

MÚSCULOS QUE TRABAJAN

Glúteos, aductores y zona media del tronco.

TRANSFERENCIA A ACTIVIDADES DE LA VIDA DIARIA

Mejora del patrón de movimiento de extensión de caderas, de la locomoción en general y prevención de caídas.

HAZLO MÁS FÁCIL

Ayúdate de una banda elástica que facilite la transición a extensión de caderas.

HAZLO MÁS DIFÍCIL

Utiliza una carga externa apoyada sobre tus caderas o mantén unos segundos la posición en el momento de mayor extensión de caderas.

EJERCICIO 40: PUENTE DE ISQUIOSURALES

PUNTOS CLAVE DE EJECUCIÓN

- Igual que el puente de glúteos, con la diferencia de que aquí los pies están apoyados solo sobre el talón y en una posición más adelantada con las rodillas más extendidas.
- Mantén tus glúteos activos y contraídos cuando vayas a elevar las caderas.

MÚSCULOS QUE TRABAJAN

Predominancia de la activación de la musculatura isquiosural y de los erectores vertebrales.

TRANSFERENCIA A ACTIVIDADES DE LA VIDA DIARIA

Mejora del patrón de movimiento de extensión de caderas, de la locomoción en general y prevención de caídas.

HAZLO MÁS FÁCIL

Ayúdate de una banda elástica que facilite la transición a extensión de caderas.

HAZLO MÁS DIFÍCIL

Intenta mantener la posición unos segundos cuando estés arriba.

EJERCICIO 41: SENTADILLAS A SILLA

PUNTOS CLAVE DE EJECUCIÓN

- Sitúa los pies ligeramente más separados respecto de la anchura de las caderas.
- Coloca una silla detrás e intenta tocarla con el culo de la forma más controlada posible.
- Cuando la sientas, sube a la mayor velocidad posible.
- Vigila que tus rodillas no se junten durante la fase de bajada.

MÚSCULOS QUE TRABAJAN

Cuádriceps y glúteos.

TRANSFERENCIA A ACTIVIDADES DE LA VIDA DIARIA

Mejora la locomoción en general y disminuye el riesgo de caídas. Mejora de la salud metabólica y cardíaca.

HAZLO MÁS FÁCIL

Sitúa un cojín sobre la silla para disminuir el grado de flexión de rodillas al bajar.

HAZLO MÁS DIFÍCIL

Coge un peso entre las manos, junto al pecho, o hazlo con una sola pierna.

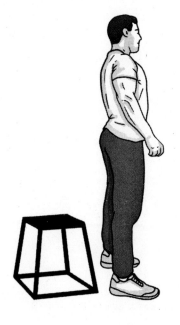
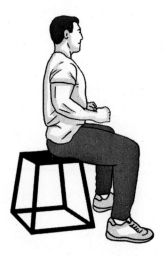

EJERCICIO 42: **SENTADILLA BÚLGARA**

PUNTOS CLAVE DE EJECUCIÓN

- Ponte junto a una superficie elevada y da un paso largo hacia el frente con uno de tus pies.
- Deja el empeine del pie de atrás apoyado sobre la superficie elevada que vayas a utilizar.
- Piensa en la rodilla que queda delante y flexiónala con el mayor control posible.
- Sube a la máxima velocidad controlada posible.
- Intenta situarte cerca de algún elemento estable al que te puedas agarrar en un momento dado.

MÚSCULOS QUE TRABAJAN

Piernas (cuádriceps, especialmente) y glúteos.

TRANSFERENCIA A ACTIVIDADES DE LA VIDA DIARIA

Mejora la locomoción en general y disminuye el riesgo de caídas. Mejora de la salud metabólica y cardíaca.

HAZLO MÁS FÁCIL

Disminuye la altura de la superficie elevada en la que mantienes apoyado el pie trasero.

HAZLO MÁS DIFÍCIL

Sitúa también el pie delantero sobre una superficie elevada (de menor altura que en la que pones el pie de atrás).

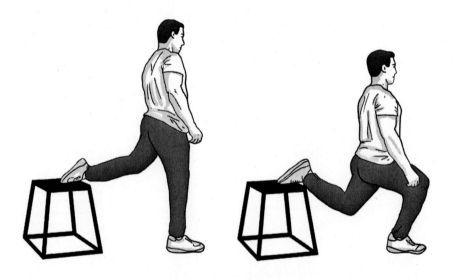

EJERCICIO 43: SENTADILLA ESTÁTICA

PUNTOS CLAVE DE EJECUCIÓN

- Sitúate en posición de sentadilla, con los pies adelantados y la espalda apoyada sobre una superficie estable y segura (como una pared).
- Cerciórate de que los pies no vayan a deslizarse.
- Mantén la posición, pensando en hacer fuerza con los pies hacia abajo y hacia delante. No despegues en ningún momento la zona lumbar de la pared.
- Aguanta durante cinco segundos la posición y regresa a la posición de partida deslizando la espalda por la pared.
- Mantén la línea de hombros en su sitio, evitando que se lateralice o se eleve.

MÚSCULOS QUE TRABAJAN

Los de las piernas, fundamentalmente.

TRANSFERENCIA A ACTIVIDADES DE LA VIDA DIARIA

Mejora la locomoción en general y disminuye el riesgo de caídas. Mejora de la salud metabólica y cardíaca.

HAZLO MÁS FÁCIL

Disminuye el grado de flexión de rodillas, bajando menos.

HAZLO MÁS DIFÍCIL

Aumenta el grado de flexión de las rodillas, bajando más, o prueba a hacerlo con un solo pie apoyado.

EJERCICIO 44: SENTADILLA + EMPUJE VERTICAL

PUNTOS CLAVE DE EJECUCIÓN

- Sitúate en posición de inicio de sentadilla, con los pies ligeramente más abiertos con respecto a la anchura de tus caderas.
- Agarra dos pesas con las manos y sitúalas junto a tus hombros.
- Haz una sentadilla normal y, al volver a subir, empuja con tus brazos hacia arriba las dos pesas.

MÚSCULOS QUE TRABAJAN

Músculos de piernas, zona media, hombros y brazos.

TRANSFERENCIA A ACTIVIDADES DE LA VIDA DIARIA

Mejora de acciones en las que tengamos que coger y dejar cargas, en especial sobre superficies elevadas. Mejora de la salud cardiovascular y metabólica.

HAZLO MÁS FÁCIL

Coloca una silla detrás y busca sentarte cuando hagas la sentadilla.

HAZLO MÁS DIFÍCIL

Intenta hacer el ejercicio de forma unilateral, cogiendo solo una pesa con una mano, para mayor demanda de estabilización de tu tronco.

EJERCICIO 45: SUBIDA A CAJÓN

PUNTOS CLAVE DE EJECUCIÓN

- Colócate frente a una superficie elevada a la que puedas subir con cierta facilidad.
- Deja un pie apoyado sobre ella.
- Alterna entre subida y bajada a la superficie elevada con el otro pie.
- Trata de controlar la fase de bajada.

MÚSCULOS QUE TRABAJAN

Piernas (cuádriceps, especialmente) y glúteos.

TRANSFERENCIA A ACTIVIDADES DE LA VIDA DIARIA

Mejora la locomoción en general y disminuye el riesgo de caídas. Mejora de la salud metabólica y cardíaca.

HAZLO MÁS FÁCIL

Disminuye la altura de la superficie elevada a la que subes y bajas.

HAZLO MÁS DIFÍCIL

Aumenta la altura de la superficie elevada objetivo o sobrecarga el ejercicio cogiendo peso con las manos.

EJERCICIO 46: SUBIDA LATERAL A CAJÓN

PUNTOS CLAVE DE EJECUCIÓN

- Sitúate en el lateral de una superficie elevada, colocando el pie de dentro sobre la misma.
- Manteniendo tu tronco lo más estable posible, sube a la superficie el pie que quedaba en el suelo.
- Intenta controlar lo máximo posible la fase de bajada.

MÚSCULOS QUE TRABAJAN

Cuádriceps y glúteos, fundamentalmente.

TRANSFERENCIA A ACTIVIDADES DE LA VIDA DIARIA

Mejora de la locomoción en general y en especial de las subidas y bajadas de escaleras.

HAZLO MÁS FÁCIL

Disminuye la altura de la superficie a la que subes.

HAZLO MÁS DIFÍCIL

Intenta detener la fase de bajada antes de llegar a tocar el suelo con el pie y vuelve a subir.

EJERCICIO 47: ZANCADA HACIA ARRIBA CON CARGA

PUNTOS CLAVE DE EJECUCIÓN

- Sitúate de pie, frente a un cajón de altura media, con una carga frontal sujeta entre tus manos, con los codos extendidos.
- Busca ejecutar una acción combinada de zancada al cajón que tienes enfrente y una flexión de codos para llevar la carga hacia tu pecho.
- Intenta extender por completo la cadera, la rodilla y el tobillo de la pierna que dejas atrás.

MÚSCULOS QUE TRABAJAN

Glúteos, cuádriceps, isquiosurales, gemelos y bíceps.

TRANSFERENCIA A ACTIVIDADES DE LA VIDA DIARIA

Mejora la locomoción en general y disminuye el riesgo de caídas. Mejora de la salud lumbar.

HAZLO MÁS FÁCIL

Disminuye la altura de la superficie elevada o hazlo sin carga frontal.

HAZLO MÁS DIFÍCIL

Ejecuta el ejercicio de manera unilateral, llevando la carga en una sola mano.

EJERCICIO 48: ZANCADA HACIA ATRÁS

PUNTOS CLAVE DE EJECUCIÓN

- Intenta, desde una posición estable, dar un paso largo atrás.
- Una vez lo hayas dado y te encuentres estable, flexiona la rodilla delantera.
- Mantén el tronco alineado.
- Proyéctate en tu vertical, no hacia delante.

MÚSCULOS QUE TRABAJAN

Piernas (cuádriceps, especialmente) y glúteos.

TRANSFERENCIA A ACTIVIDADES DE LA VIDA DIARIA

Mejora la locomoción en general y disminuye el riesgo de caídas. Mejora de la salud metabólica y cardíaca.

HAZLO MÁS FÁCIL

Comienza en posición de zancada y céntrate en realizar la bajada y la subida del tronco manteniendo siempre los pies en la misma posición estática.

HAZLO MÁS DIFÍCIL

Coge dos pesos con las manos para sobrecargar el ejercicio.

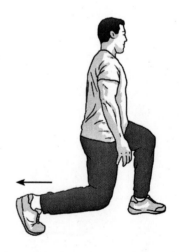

EJERCICIO 49: ZANCADA HACIA DELANTE

PUNTOS CLAVE DE EJECUCIÓN

- Intenta, desde una posición estable, dar un paso largo al frente.
- Una vez lo hayas dado y te encuentres estable, flexiona la rodilla delantera.
- Mantén el tronco alineado.
- Proyéctate en tu vertical, no hacia delante.
- No sitúes los pies en una misma línea, separa ligeramente hacia fuera el delantero.

MÚSCULOS QUE TRABAJAN

Piernas (cuádriceps, especialmente) y glúteos.

TRANSFERENCIA A ACTIVIDADES DE LA VIDA DIARIA

Mejora la locomoción en general y disminuye el riesgo de caídas. Mejora de la salud metabólica y cardíaca.

HAZLO MÁS FÁCIL

Parte desde una posición inicial ya con un pie adelantado.

HAZLO MÁS DIFÍCIL

Coge carga con las manos para sobrecargar el ejercicio.

 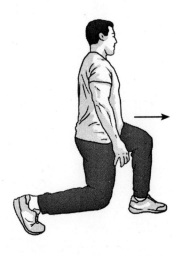

EJERCICIOS DE MOVILIDAD ARTICULAR

EJERCICIO 50: BISAGRA DE CADERAS

PUNTOS CLAVE DE EJECUCIÓN

- Sitúate de pie, con una pica o palo largo ligero alineado desde tu nuca hasta tu coxis, agarrado con tus manos.
- Este ejercicio es dominante de caderas. Así pues, desde una ligera flexión de rodillas, haz primero una buena flexión y luego haz una extensión de caderas.
- Intenta sentir a lo largo de todo el recorrido que la pica está en contacto total con tu nuca y tu espalda.

MÚSCULOS QUE TRABAJAN

Glúteos, isquiosurales y zona media del tronco.

TRANSFERENCIA A ACTIVIDADES DE LA VIDA DIARIA

Mejora del patrón de movimiento de flexión y extensión de caderas, lo que nos permite una mayor calidad de movimiento en gestos tan comunes como el de levantamiento de cargas.

HAZLO MÁS FÁCIL

Sitúate ante una pared y visualiza que quieres ir a tocarla con el culo, con solo una pequeña flexión de rodillas, sintiendo cómo dominan tus caderas.

HAZLO MÁS DIFÍCIL

Aguanta unos segundos en el punto de máxima flexión de caderas, e intenta despegar un pie del suelo.

EJERCICIO 51: **MOVILIDAD DORSAL**

PUNTOS CLAVE DE EJECUCIÓN

- Sitúate en posición de cuadrupedia sobre el suelo.
- Lleva los dedos de una mano a tocar la sien, orientando el codo hacia tu cuello, como si te fueras a poner una bufanda.
- Exhala el aire mientras tratas de rotar al máximo tu tronco desde tu zona dorsal y orientas el codo lo más arriba que te sea posible.
- Orienta la mirada hacia el codo que elevas.

MÚSCULOS QUE TRABAJAN

Músculos dorsales y rotadores de hombros.

TRANSFERENCIA A ACTIVIDADES DE LA VIDA DIARIA

Mejora la movilidad dorsal y con ello la higiene postural, previniendo o revirtiendo actitudes hipercifóticas (hombros rotados hacia delante).

HAZLO MÁS FÁCIL

Deja libre la mano que va a tocar la sien, para tener mayor libertad de movimiento.

HAZLO MÁS DIFÍCIL

Fija el extremo de una banda elástica bajo la mano que tienes apoyada sobre el suelo y agarra el otro extremo con la otra mano. Intenta rotar tu espalda dando tensión a la banda elástica, separando la mano móvil mientras traccionas la de la banda.

EJERCICIO 52: MOVILIDAD DORSAL

PUNTOS CLAVE DE EJECUCIÓN

- Colócate en posición de sentado apoyando tu espalda sobre una superficie esférica (como un balón de ejercicios) que, en la medida de lo posible, te aporte estabilidad y seguridad.
- Ancla bien tus pies en el suelo y asegúrate de que la superficie de apoyo no deslice.
- Al exhalar aire, busca acoplar tu espalda a la superficie circular, sintiendo cómo expandes tu caja torácica y extiendes al máximo tus vértebras dorsales.

MÚSCULOS QUE TRABAJAN

Músculos dorsales, rotadores de hombros y estiramiento de pectorales y flexores de caderas.

TRANSFERENCIA A ACTIVIDADES DE LA VIDA DIARIA

Mejora la movilidad dorsal y con ello la higiene postural, previniendo o revirtiendo actitudes hipercifóticas.

HAZLO MÁS FÁCIL

Incrementa la altura a la que se encuentra la superficie sobre la que vas a rodar.

HAZLO MÁS DIFÍCIL

Busca llegar a un grado mayor de hiperextensión dorsal, acompañando con la mayor apertura posible de brazos.

EJERCICIO 53: MOVILIDAD Y ESTABILIDAD DE HOMBRO Y ESCÁPULA

PUNTOS CLAVE DE EJECUCIÓN

- Sitúate de pie, frente a una pared.
- Sitúa, entre una de tus manos y la pared, una pelota que te permita rodarla por la misma.
- Trata de hacer una flexión y extensión de codo aplicando fuerza contra la pared para evitar que la pelota se caiga o rote.
- Intenta mantener el hombro abajo, alejado de la oreja.

MÚSCULOS QUE TRABAJAN

Hombros y músculos periescapulares.

TRANSFERENCIA A ACTIVIDADES DE LA VIDA DIARIA

Mejora de la salud articular de los hombros y de la movilidad necesaria para llevar a cabo acciones cotidianas, por ejemplo, dejar la comida en el estante más alto de la despensa.

HAZLO MÁS FÁCIL

Reduce el rango de movimiento.

HAZLO MÁS DIFÍCIL

Utiliza un balón medicinal que te obligue a realizar más fuerza contra la pared para que no se caiga al suelo.

EJERCICIO 54: MOVILIDAD LUMBO-PÉLVICA

PUNTOS CLAVE DE EJECUCIÓN

- Siéntate sobre una superficie esférica (como un balón de ejercicios), notando cómo apoyas sobre ella tus huesos isquiones.
- Con los pies apoyados en el suelo y las rodillas flexionadas, intenta dibujar círculos lo más controlados y amplios posibles con el movimiento de tus caderas sobre el balón o pelota.
- Si puedes, hazlo frente a un espejo para que seas consciente de la ubicación de tus segmentos corporales en el espacio.

MÚSCULOS QUE TRABAJAN

Músculos de las caderas, musculatura central profunda y suelo pélvico.

TRANSFERENCIA A ACTIVIDADES DE LA VIDA DIARIA

Desarrollar una buena movilidad lumbopélvica te permitirá realizar las actividades físicas diarias con mayor soltura y menor rigidez.

HAZLO MÁS FÁCIL

Empieza rodando el balón solo hacia delante y hacia atrás a través del movimiento de tu pelvis.

HAZLO MÁS DIFÍCIL

Intenta hacerlo con los ojos cerrados y pasando por cada punto del círculo que intentas dibujar.

EJERCICIO 55: MOVILIDAD DE HOMBROS SOBRE LA CABEZA

PUNTOS CLAVE DE EJECUCIÓN

- Sitúate de pie, con una barra ligera o una pica agarrada con tus manos separadas a la anchura de tus pies y caderas.
- Baja a posición de sentadilla tratando de llevar a la vez la barra por encima de tu cabeza, con los codos extendidos.
- Intenta que tus rodillas no se desplacen hacia dentro.
- Orienta tu mirada al frente.
- Mantén la espalda recta y el pecho fuera en todo momento.

MÚSCULOS QUE TRABAJAN

Músculos de hombros y piernas.

TRANSFERENCIA A ACTIVIDADES DE LA VIDA DIARIA

La mejora de la movilidad de los hombros sobre la cabeza nos permitirá desempeñar con mayor facilidad todo tipo de acciones con los miembros superiores que requieran de un mínimo grado de movilidad escápulo-humeral y dorsal. Mejora la higiene postural y previene actitudes hipercifóticas.

HAZLO MÁS FÁCIL

Apoya tu espalda sobre la pared e intenta tocar la misma con la barra por encima de tu cabeza, con los codos lo más extendidos posible.

HAZLO MÁS DIFÍCIL

Fija uno de los extremos de una banda elástica al centro de la barra y ancla el extremo opuesto a un punto estable por delante de la línea de proyección de tu cuerpo. Esta resistencia incrementará la activación muscular de la musculatura de tu espalda.

EJERCICIOS PARA LA MEJORA POSTURAL

EJERCICIO 56: APERTURAS CON BANDA ELÁSTICA

PUNTOS CLAVE DE EJECUCIÓN

- Intenta colocarte con la máxima estabilidad posible y activa tu abdomen.
- Orienta las palmas de las manos hacia arriba.
- Mantén en todo momento los codos extendidos.
- Busca llevar la banda hacia el pecho.
- Regresa con control y vuelve a abrir antes de perder la tensión elástica de la banda.

MÚSCULOS QUE TRABAJAN

Músculos de la parte alta de la espalda y rotadores de hombros.

TRANSFERENCIA A ACTIVIDADES DE LA VIDA DIARIA

Mejora la postura y previene y combate actitudes hipercifóticas (hombros rotados hacia dentro).

HAZLO MÁS FÁCIL

Fija la banda elástica en un punto medio frontal.

HAZLO MÁS DIFÍCIL

Mantén la posición de máxima tensión elástica tres segundos antes de volver a la posición inicial.

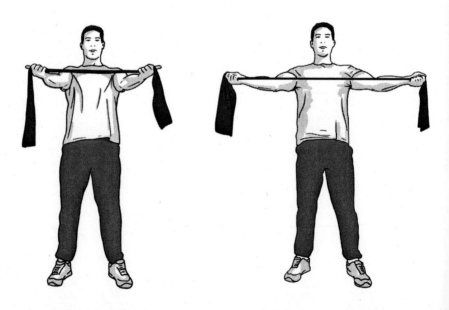

EJERCICIO 57: DIAGONALES CON BANDA ELÁSTICA

PUNTOS CLAVE DE EJECUCIÓN

- Intenta colocarte con la máxima estabilidad posible y activa tu abdomen.
- Orienta las palmas de las manos hacia abajo.
- Mantén en todo momento los codos extendidos.
- Busca dibujar con tu banda una línea diagonal lo más larga posible, con ambas manos a la vez en cada sentido.
- Regresa con control y vuelve a abrir antes de perder la tensión elástica de la banda.

MÚSCULOS QUE TRABAJAN

Músculos de la espalda alta, músculo deltoides y rotadores de hombros.

TRANSFERENCIA A ACTIVIDADES DE LA VIDA DIARIA

Mejora la postura y previene y combate actitudes hipercifóticas (hombros rotados hacia dentro).

HAZLO MÁS FÁCIL

Ancla la banda elástica en un punto medio frontal.

HAZLO MÁS DIFÍCIL

Mantén la posición de máxima tensión elástica tres segundos antes de volver a la posición inicial.

EJERCICIOS PARA LA PREVENCIÓN DE CAÍDAS

EJERCICIO 58: EQUILIBRIO Y ESTABILIDAD DINÁMICA

PUNTOS CLAVE DE EJECUCIÓN

- Deja un pie apoyado en el suelo y despega el otro.
- Coge un objeto con las manos e intenta pasarlo por debajo de la rodilla que está en el aire.
- Intenta mantener siempre un solo pie de apoyo en el suelo y no tocar el suelo con el otro.
- Sitúate cerca de una superficie estable a la que te puedas agarrar en un momento dado.
- Mantén tu mirada orientada al frente.

MÚSCULOS QUE TRABAJAN

Músculos del pie, piernas y glúteos.

TRANSFERENCIA A ACTIVIDADES DE LA VIDA DIARIA

Prevención de caídas y mejora del equilibrio dinámico y de la velocidad de reacción.

HAZLO MÁS FÁCIL

Simplemente, intenta mantenerte con un solo pie apoyado en el suelo.

HAZLO MÁS DIFÍCIL

Intenta hacerlo con los ojos cerrados.

EJERCICIO 59: **COORDINACIÓN ÓCULO-MANUAL**

PUNTOS CLAVE DE EJECUCIÓN

- Sitúate de pie con un objeto entre tus manos.
- Lánzalo hacia arriba e intenta atraparlo antes de que toque el suelo.

MÚSCULOS QUE TRABAJAN

Músculos de los brazos, hombros y zona media del tronco.

TRANSFERENCIA A ACTIVIDADES DE LA VIDA DIARIA

Mejora de la velocidad gestual y de reacción, claves en la prevención de caídas y accidentes domésticos.

HAZLO MÁS FÁCIL

Busca que el lanzamiento sea a una altura menor.

HAZLO MÁS DIFÍCIL

Puedes intentar atrapar el objeto con el apoyo de un solo pie, con una sola mano o dar dos palmadas entre el lanzamiento y la recepción.

EJERCICIO 60: **PESO MUERTO MONOPODAL Y ESTABILIDAD DINÁMICA**

PUNTOS CLAVE DE EJECUCIÓN

- Sitúate lateralmente sobre un apoyo estable (como una pared), elevando de partida la rodilla que queda más alejada de este.
- A continuación, trata de flexionar la cadera del pie de apoyo para llevar hacia atrás la pierna delantera elevada.
- Trata de conectar con tu glúteo de la pierna trasera, para generar una buena extensión de cadera.
- Al bajar, flexiona ligeramente la rodilla de la pierna de apoyo, teniendo en cuenta que el objetivo de este ejercicio es que domine la cadera.

MÚSCULOS QUE TRABAJAN

Músculos del pie, glúteos y músculos de las piernas.

TRANSFERENCIA A ACTIVIDADES DE LA VIDA DIARIA

Mejora del patrón de movimiento de flexión y extensión de caderas. Esto nos permite desarrollar una mayor calidad de movimiento en gestos tan comunes como el de levantamiento de cargas. Mejora del equilibrio dinámico y, por lo tanto, disminución del riesgo de caídas y accidentes domésticos.

HAZLO MÁS FÁCIL

Coloca tras de ti un objeto a modo de referencia que tratarás de tocar cuando lleves la pierna atrás.

HAZLO MÁS DIFÍCIL

Hazlo sin el apoyo de la mano sobre la pared y con una carga en la misma.

Bibliografía

Andrade A, de Azevedo Klumb Steffens R, Sieczkowska SM, Peyré Tartaruga LA, Torres Vilarino G. A systematic review of the effects of strength training in patients with fibromyalgia: clinical outcomes and design considerations. *Adv Rheumatol*. 2018 Oct 22;58(1):36

Bohannon RW. Muscle strength and muscle training after stroke. *J Rehabil Med*. 2007 Jan; 39(1):14-20

Ciolac EG, Silva JM, Greve JM. Effects of resistance training in older women with knee osteoarthritis and total knee arthroplasty. *Clinics* (Sao Paulo). 2015 Jan; 70(1):7-13

Dibble LE, Hale TF, Marcus RL, Gerber JP, LaStayo PC. High intensity eccentric resistance training decreases bradykinesia and improves Quality Of Life in persons with Parkinson's disease: a preliminary study. *Parkinsonism Relat Disord*. 2009 Dec; 15(10):752-7

Domínguez Ferraz D., M. Grau Pellicer, Entrenamiento aeróbico y de fuerza en la rehabilitación del ictus, *Fisioterapia*, Volumen 33, Número 5, 2011, Páginas 210-216

Fiatarone MA, Marks EC, Ryan ND, Meredith CN, Lipsitz LA, Evans WJ. High-intensity strength training in nonagenarians. Effects on skeletal muscle. *JAMA*. 1990 Jun 13; 263(22):3029-34

Fragala, Maren S., Eduardo L. Cadore, Mikel Izquierdo, William J. Kraemer, Mark D. Peterson y Eric D. Ryan, Entrenamiento de Fuerza para Adultos Mayores. *Rev Educación Física*. 2019. N° 156. Páginas 29-46.

Frontera WR, Hughes VA, Lutz KJ, Evans WJ. A cross-sectional study of muscle strength and mass in 45-78 yeard old men and women. *J Appl Physiol* 1991; 71:644-50

Gorzelitz J.,Trabert B., Katki H.A., Moore, S.C., Watts E.L., Matthews C.E. Independent and joint associations of weightlifting and aerobic activity with all-cause, cardiovascular disease and cancer mortality in the prostate, lung, colorectal and ovarian cancer screening trial. *Br J Sports Med*. 2022 Nov; 56 (22): 1277-1283

Grgic J, Schoenfeld BJ, Davies TB, Lazinica B, Krieger JW, Pedisic Z. Effect of Resistance Training Frequency on Gains in Muscular Strength:

A Systematic Review and Meta-Analysis. *Sports Med.* 2018 May; 48(5):1207-1220

Grnøtved, A., Rimm, E. B., Willett, W. C., Andersen, L. B., & Hu, F. B.. A prospective study of weight training and risk of type 2 diabetes mellitus in men. *Archives of Internal Medicine.* 2012 Sep 24: 172(17)

Häkkinen K., Alen M., Kallinen M., Newton R.U., Kraemer W.J. Neuromuscular adaptation during prolonged strength training and detraining, and re-strength training in middle-aged and elderly people. *Eur J Appl Physiol* 2000; 83: 51-62

Ho SS, Dhaliwal SS, Hills AP, Pal S. The effect of 12 weeks of aerobic, resistance or combination exercise training on cardiovascular risk factors in the overweight and obese in a randomized trial. *BMC Public Health.* 2012 Aug 28; 12:704

Hovanec, N., Sawant, A., Overend, T.J., Petrella, R.J., & Vandervoort, A.A. Resistance Training and Older Adults with Type 2 Diabetes Mellitus: Strength of the Evidence. *Journal of Aging Research.* 2012; 2012: 284635

Hunter G.R., McCarthy J.P., Bamman M.M. Effects of resistance training in older adults. *Sports Med* 2004; 34: 329-348

Karinkanta S, Kannus P, Uusi-Rasi K, Heinonen A, Sievänen H. Combined resistance and balance-jumping exercise reduces older women's injurious falls and fractures: 5-year follow-up study. *Age Ageing.* 2015 Sep; 44(5):784-9

Katula JA, Rejeski WJ, Marsh AP. Enhancing quality of life in older adults: a comparison of muscular strength and power training. *Health Qual Life Outcomes.* 2008 Jun 13; 6:45

Kraemer W.J., Marchitelli L., Gordon S.E., Harman E., Dziados J.E., Mello R., et al. Hormonal and growth factor responses to heavy resistance exercise protocols. *J App Physiology.* 1990, Oct; 69(4): 1442-50.

Latham N, Liu CJ. Strength training in older adults: the benefits for osteoarthritis. *Clin Geriatr Med.* 2010 Aug; 26(3):445-59

Lee JM, J Ryan E. The Relationship between Muscular Strength and Depression in Older Adults with Chronic Disease Comorbidity. *Int J Environ Res Public Health.* 2020 Sep 18; 17(18):6830

Liao, C.-D., Chen, H.-C., Kuo, Y.-C., Tsauo, J.-Y., Huang, S.-W. and Liou, T.-H. (2020), Effects of Muscle Strength Training on Muscle Mass Gain and Hypertrophy in Older Adults With Osteoarthritis: A Systematic Review and Meta-Analysis. *Arthritis Care Res,* 72: 1703-1718

Liu-Ambrose T., Nagamatsu L.S., Graf P., Beattie B.L., Ashe M.C., Handy T.C. Resistance training and executive functions: a 12-month randomized controlled trial. *Arch Intern Med* 2010 25; 170: 170-178

Liu CJ, Latham NK. Progressive resistance strength training for improving physical function in older adults. *Cochrane Database Syst Rev*. 2009 Jul 8; 2009(3):CD002759

Liu Y, Lee DC, Li Y, Zhu W, Zhang R, Sui X, Lavie CJ, Blair SN. Associations of Resistance Exercise with Cardiovascular Disease Morbidity and Mortality. *Med Sci Sports Exerc*. 2019 Mar; 51(3):499-508

Padilla Colón, Carlos J., Sánchez Collado, Pilar, & Cuevas, María José. (2014). Beneficios del entrenamiento de fuerza para la prevención y tratamiento de la sarcopenia. *Nutrición Hospitalaria*, 29(5), 979-988

Pelletier D, Gingras-Hill C, Boissy P. Power training in patients with knee osteoarthritis: a pilot study on feasibility and efficacy. *Physiother Can*. 2013 Spring; 65(2):176-82

Pierson LM, Herbert WG, Norton HJ, Kiebzak GM, Griffith P, Fedor JM, Ramp WK, Cook JW. Effects of combined aerobic and resistance training versus aerobic training alone in cardiac rehabilitation. *J Cardiopulm Rehabil*. 2001 Mar-Apr; 21(2):101-10

Rantanen T., Guralnik J.M., Izmirlian G., Williamson J.D., Simonsick E.M., Ferrucci L., et al. Association of muscle strength with maximum walking speed in disabled older women. *Am J Phys Med Rehabil* 1998; 77: 299-305

Roth SM, Ferrell RF, Hurley BF. Strength training for the prevention and treatment of sarcopenia. *J Nutr Health Aging*. 2000; 4(3):143-55

Sayers, S.P., Gibson, K. and Cook, C.R. (2012), Effect of high-speed power training on muscle performance, function, and pain in older adults with knee osteoarthritis: A pilot investigation. *Arthritis Care Res*, 64: 46-53

Schmitz KH, Ahmed RL, Troxel A, Cheville A, Smith R, Lewis-Grant L, Bryan CJ, Williams-Smith CT, Greene QP. Weight lifting in women with breast-cancer-related lymphedema. *N Engl J Med*. 2009 Aug 13;3 61(7):664-73

Sherrington C, Whitney JC, Lord SR, et al. Effective exercise for the prevention of falls: A systematic review and meta-analysis. 2008. *J Am Geriatr Soc* 56: 2234–2243

Taaffe DR, Henwood TR, Nalls MA, Walker DG, Lang TF, Harris TB. Alterations in muscle attenuation following detraining and retraining in resistance-trained older adults. *Gerontology*. 2009;55 (2):217-23